# 운명을 다듬다

**공간** 선택으로
**운명**을 바꾼
**풍수** 이야기

# 운명을 다듬다

| **일봉 김경우** 지음 |

매일경제신문사

# 들어가는 말

생명을 가진 모든 존재는 물, 공기, 햇빛 그리고 시간과 공간의 바탕 위에서 살아간다. 인간이 살아가는 데도 물, 공기, 햇빛이 필요하지만 그 중 유일하게 내 마음대로 선택할 수 있는 것은 공간뿐이다. 나머지 네 가지는 선택한 공간에 따라 변하는 것이지만 인간이 취사선택할 수 있는 성질이 아니다. 공간이 정해짐에 따라 다른 상황들이 주어질 뿐이다. 내가 내 의지대로 좌지우지할 수 없다.

공간의 선택은 장소의 경계 구분에서 시작된다. 산줄기를 따라서 혹은 강을 사이에 두고, 길을 사이에 두고, 담장을 사이에 두고, 심지어는 벽을 사이에 두고도 공간이 갈라진다.

같은 건물 안에서도 배치에 따라 응축된 기운이 달라질 수밖에 없다. 공간이 달라지면 존재하는 에너지의 작용이 달라져 기운이 바뀌기 마련이다. 기운이 달라지면 그 안에서 생활하는 사람의 관점이 달라지고, 생각의 방향이 달라지고, 옳고 그름의 기준과 좋고 나쁨의 기준도 달라진다. 사유의 가닥이 갈리면서 자연스레 운명도 바뀐다. 공간 선택은 곧 운명을 다듬는다는 뜻이다.

법을 얻은 풍수(풍수를 보는 사람을 뜻하기도 한다)가 열망하고 원하는 것이 바로 '탈신공개천명奪神功改天命'이다. 즉, 신의 공덕을 벗어나 타고난 운명도 바꾸겠다는 것이다. 세상천지 간의 혼돈 속에 놓인 운명도 내 의지대로 다듬겠다는 것이 바로 인간의 욕망이다. 세월을 따라 이런 작용이 특정한 공간에 켜켜이 쌓이면 지역 간에 특색이 생기고, 마을 간의 풍습과 토양이 달라져 특산물도 달라질 뿐만 아니라 대를 이어서 살아가는 가문의 기질이 달라지고 생활 습관도 달라지기 마련이다.

예컨대, 버락 오바마가 아프리카 어딘가의 오지에서 태어나고 자랐다면 어떻게 되었을까. 겨우 부족의 추장 정도에 그쳤을지도 모른다. 빌 게이츠가 북한 평양에서 자랐다면? 아마도 지금쯤 북한의 해킹 부대에서 디도스 공격을 진두지휘하고 있을지도 모른다. 이렇듯 환경은 그것이 품은 생명체에 직접적 · 치명적 영향을 미치기 마련이다.

풍수지리는 인간의 생명 유지에 근본이 되는 물, 공기, 햇빛 그리고 시간을 어떤 환경 조건의 공간에서 생활해야 가장 이상적인 조화를 이룰 수 있는지를 연구하는 학문이다. 즉, 축적된 경험과 이론을 통해 가장 행복하고 건강한 삶을 영위할 수 있는 장소 선택의 방법을 찾는 것이다. 즉, 풍수의 핵심은 공간 선택이다.

"근본이 튼튼히 뿌리를 내리려면 터를 얻어야 한다."

나는 우연히 만난 스님이 던진 이 한마디에 사로잡혔다. 그래서 터를 얻어야겠다는 절실한 마음으로 스님을 따라나섰다. 그렇게 스님을 만나서 스승으로 모시고 산천을 더듬었다. 7년을 넘겨서야 비로소 오감이 열렸다. 내 스스로 터를 알아보고 혈처를 찾을 수 있게 된 것이다.

그 후에 다시 10년을 스스로 다듬어 나 자신만의 법을 세웠다. 내가 가는 길에는 스님이 늘 옆에서 거들어 주었다. 직접 터를 잡아 어머니를 모시고 집터를 골라서 다듬었다. 소점지所點地, 즉 풍수가 혈자리를 정한 땅을 몇 개 더 거느리고서야 흔들리던 살림이 차분해졌다는 것이 느껴졌다.

살림이 중심을 잡은 후에야 남의 살림을 보살피기 시작했다. 그러고서 다시 10년이 흘렀다. 나와 인연이 닿아서 보살핀 집안의 살림살이들이 올망졸망 바로 서는 것을 지켜보고서야 비로소 자신만의 법에 대해 자신감을 가지게 되었다.

나는 어려서부터 사회생활을 한 바람에 체계적 지식을 쌓을 기회를 가지지 못했다. 학교 공부가 없이 어린 나이에 바로 돈 버는 일에 나선 것이다. 신문 배달부터 호떡 장사, 콩국 장사, 종견 사업에 이르기까지 안 해 본 일이 없을 정도로 사회 경험을 쌓았다.

나이가 들어서는 광고업과 부동산 개발업에 손을 대어 큰돈을 벌기도 했다. 일을 하면서 늘 남보다 두 배의 노력을 쏟아붓는다는 마음으로 달려들었기 때문에 무엇을 하든지 남들보다 잘해 냈고, 하는 일이 크든 작든 성공해서 돈을 벌었다. 문제는 그 다음이었다. 돈을 벌어도 재산이 모이지 않고 흩어졌다. 재물을 얻어서 쌓아 놓으면 순식간에 없어졌다.

스님을 만났을 때도 광고업을 해서 큰돈을 손에 쥐고 가정을 꾸려 아이가 태어날 즈음이었다. 나의 형은 태어날 때부터 큰아버지의 양자로 들어가도록 결정되었기 때문에 둘째인 내가 집안 살림을 맡아서 끌고 나가야 한다는 중압감이 컸다. 사업에서 잠시 손을 떼었을 때 스님을 만났다. 공부를 좀 해야겠다는 생각을 했었는데 그 공부가 결국 풍수 공부가 된 셈이다.

풍수 공부가 끝나고 처음에는 대구 팔공산의 동화사를 주로 돌봤다. 사람들 앞에서 처음 풍수 강의를 한 것은 대구 아양아트센터에서였다. 20년 공부가 단단하게 자리를 잡은 후에야 남들 앞에 서서 이런저런 얘기를 하기 시작한 것이다.

이번에 이렇게 펴낸 책은 내가 돌봐 준 집안들의 집터와 산소에 대한 얘기들을 적은 것이다. 이에 관련된 일은 드러내기 거북한 것이어서 인물의 상당수는 익명으로 처리했다. 또 얘기가 거론되는 것 자체를 꺼리는 경우도 많았다. 그래서 양해를 구하고 승낙을 얻는 범위 내에서만 책을 엮었다. 그러다 보니 내가 이끄는 풍수 답산 모임인 풍수마루에서 있었던 사례가 대부분이다.

풍수마루는 원래 대구 아양아트센터의 풍수 강좌에서 만난 사람들을 중심으로, 나를 따라다니면서 답산을 하는 대구 지역의 풍수 공부 모임이다. 이름을 풍수마루라고 지은 이유는 풍수에서 최고 높은 꼭대기의 경지를 상징함과 동시에 대청마루에 모이듯 모두가 둘러앉아 오순도순 풍수 얘기를 나누자는 취지에서였다. 한 달에 한 번씩 같이 답산을 다닌 것이 벌써 3년의 연륜으로 쌓였다.

이 책은 다음과 같은 내용에 중점을 두었다.

첫째, 내가 풍수법을 얻은 과정을 궁금해 하는 사람이 많았기에 그에 대한 얘기를 풀어 놓고자 했다. 내가 스승으로부터 법을 익히는 과정을 비교적 소상히 적어 후학들이 참고하도록 했다.

둘째, 내 개인적 경험과 주변 사람들이 겪은 일들을 정리해서 풍수가 실제로 우리 생활에 어떻게 적용되는지를 보이기 위함이다. 내가 직접 겪은 일들을 객관적이고 정확한 사례로 기술하려고 노력했다.

셋째, 특정 지역에 대한 풍수 감정의 내용이기는 하지만 LH공사의 사업지를 감정한 내용의 기고문을 실었다. 이 기고문은 지역 일간지에 게재되었고, 실제 분양 광고에 활용되기도 했다. 이에 더해 한국성씨총연합회의 계간지에 쓴 기고문도 함께 실었다.

원고를 정리하는 과정에서 주변 분들의 도움이 컸다. 여러 분들이 관계되는 경우가 많아 가능한 양해를 구하려 노력했다. 음택陰宅이 아닌 양택陽宅, 즉 무덤이 아닌 산 사람의 집터의 경우에는 내용이 나가는 것 자체가 문제가 될 수 있어 이 책에서는 예외적 경우를 제외하고 음택 위주로 사례를 열거했다.

글쓰기와 말하기 공부에 줄곧 도움을 준 남동희 박사는 마지막까지 원고를 읽고 다듬어 주었다. 마지막에는 아예 나의 거처인 성각제에 며칠간 머물면서 나보다 더 집중해 원고 교정을 도왔다. 지면을 빌려 감사의 마음을 전한다.

아무쪼록 이 책을 통해 풍수가 우리 현실에 맞게 재해석되고, 우리 생활에 늘 가까이 두고 익히 쓰는 법이 되었으면 하는 것이 풍수를 전업으로 삼는 사람으로서의 바람이다.

2016년 성각제에서
가을의 문턱을 넘어서며

김 경 우

# 차례

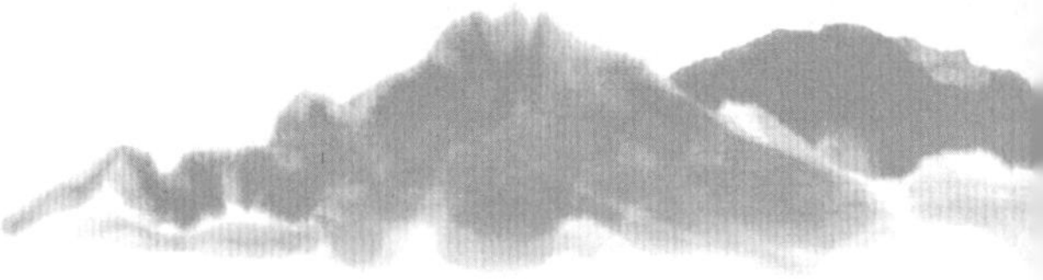



## 1부 / 산을 더듬다

## 3부 / 풍수는 곧 마음

## 4부 / 풍수 답산기

# 1부
# 산을 더듬다

# 동화사 약수암의 힘

대구 팔공산의 산줄기는 경북 영천시 보현산 뒤쪽에서 출발한다. 영천 신령의 혈암산을, 달리는 용의 허리 부분인 과협過峽으로 삼아 삼불봉을 만들면서 올라선 것이 바로 팔공산이다. 과협은 산이 오므렸다 펼쳤다를 반복하면서 진행을 위해 힘을 모으는 장소를 뜻하며, 학의 무릎鶴膝에 비유되기도 한다.

동봉, 중봉, 서봉 중에서 동봉에서 갈라져 내린 산줄기가, 산거북이가 물을 먹는 형국인 영귀음수靈龜飮水형인 곳에 바로 동화사 법당 대웅전이 있다.

일설에는 동화사 터를 봉황새가 알을 품은 형국인 봉황포란鳳凰抱卵이라고도 하나, 영귀음수형의 거북이 등 위에 대웅전이 들어서 있다고 본다. 실제로 동화사 입구 봉서루 앞에는 거북이 머리 모양의 바위가 돌출되어 있다. 동화사 법당 앞마당에 서면 대웅전 좌측에 금당선원이 있

가람 배치를 새로 앉힌 약수암의 전경.

고, 금당선원 좌측으로 아주 큰 봉우리가 눈에 들어온다.

이 봉우리가 바로 장군봉으로 금당선원과 약수암의 주산이 된다. 주산은 혈 뒤에 배경이 되고 근본이 되는 산을 뜻한다. 동봉을 백호(혈처 오른쪽의 산)로 삼고, 갓바위가 있는 관음봉을 청룡(혈처 왼쪽의 산)으로 삼아 아주 큰 산중 호랑이 한 마리가 비슬산을 마주하고 웅크리고 앉은 형국이 약수암 뒷산의 형세다. 금당선원의 뒷산이 약수암의 내백호가 되고 대구시교육연수원 뒷산이 약수암의 내청룡이 된다.

물형으로는 산중에 웅크리고 앉은 호랑이 형상인 산중와호山中臥虎로 보고, 그 터의 형국은 장군대좌라 할 만하다. 공산댐 터널이 있는 산이 흘러가는 물을 막는 수구막이가 되고 멀리 비슬산은 조산朝山, 즉 안산案山 너머에 보이는 산이다. 안산은 혈처에서 마주 보이는 산을 뜻한다.

장군대좌라 할 만한 것이 100리에 걸쳐 병사들이 도열한 활기찬 모습이라 할 백리요정百里搖丁이 보이기 때문이다. 이 자리에 올라서면 가야산과 비슬산 안쪽의 대구 들판 전체가 풍수에서 얘기하는 '삼천분대 팔백연화三千粉黛 八百烟花'라는 문구를 연상케 할 만큼 수없이 많은 산과 봉우리들이 겹겹이 이어져서 조산과 안산으로 작용한다.

그런 터가 제대로 쓰이지 못하고, 오른쪽으로 치우쳐 백호 방향 골짜기에 노출된 터에 기울어져 가는 산신각이 있었다. 법당마저 앉은 자리가 비틀어져 있었다. 산줄기에 바짝 매달려서 터가 있고, 그 뒤쪽 능선에 그야말로 장군이 걸터앉은 듯한 큰 혈이 하나 있었다. 그 터를 만난 후에는 늘 저 터의 힘을 발복發福시켜 세상이 변하는 모습을 봐야겠다는 생각을 가슴속 깊이 간직했다.

원래 약수암은 100년도 더 전에 어떤 불심 깊은 보살이 지은 절인데 터에 걸맞지 않게 산신각을 비켜서 지은 후 얼마 지나지 않아 쇠락하고 말았다. 폐사찰로 줄곧 그렇게 있었고 스님만 들어오면 바람이 난다는 풍문이 돌았다. 법당에는 비가 새어서 부처님 머리 위로 빗물이 흘러내리는 형편이었고 스님들도 기거하기를 꺼리던 곳이었다.

평소에 친분이 있던 스님이 동화사 총무국장으로 부임하면서, 금장실에 기거하던 성문스님과 인연이 닿았다. 인연이 닿은 김에 성문스님에게

당시 동화사 주지였던 성문스님(왼쪽)과 함께
약수암 능선에 올라 부처님 사리를 모실 팔공원탑이 들어설
자리를 살펴보고 있다.

진신사리를 모신 약수암의 팔공원탑.

약수암 중창을 건의했다. "약수암이 터가 좋습니다"라고 운을 뗀 후에 "이 자리를 잘 쓰면 팔공산의 주인 자리가 될 것"이라고 말을 보탰다.

성문스님이 이 말을 흘려듣지 아니하고, 내 말대로 약수암을 새로 짓는다. 많은 정치적 역경을 겪은 성문스님이 가슴속에 깊이 품었던 내 뜻에 맞장구를 쳐 준 셈이다.

약수암 중창 중에, 이 일을 주도했던 성문스님은 동화사 주지로 당선되어 임기 4년의 주지 자리에 올랐다. 당시 선거에서 경쟁자와 같은 숫자의 표를 얻었는데, 성문스님이 법랍, 즉 승려가 된 뒤로부터 셈하는 나이가 더 많다고 해서 규정에 따라 주지가 된 것이다.

좋은 일은 여기에 그치지 않았다. 조실(참선을 지도하는 직책)인 진제스님이 종정이 되고, 동화사가 수행도량 총림으로 승격되었다. 성문스님은 임기 중에 주지선거 제도를 없애고, 방장이 주지를 임명하는 방장 체제로 전환해 산문山門을 안정시켰다. 성문스님은 곧바로 비슬산 대견사의 중창을 성사시키고, 또 약수암 산줄기 윗자리에 팔공원탑을 세워 진신사리를 모셨다.

팔공원탑에 올라서면 곧게 솟은 주산을 배경으로 멀리 비슬산이 조안산으로 보이는 큰 터임을 실감할 수 있다. 조안산은 앞에서 언급했던 조산과 안산을 합친 개념이다. 약수암도 법당을 좀 더 키우고 부속 건물을 고루 갖추면서 경관이 빼어난 완전한 가람(절)으로 모습을 드러냈다.

주지를 그만둔 성문스님은 다시 조계종 의결기관의 수장인 종회 의장으로 추대되는 경사가 겹쳤다. 스님은 지금도 약수암을 거처로 삼아 좋은 기운을 받은 탓에 늘 맑은 표정이다.

팔공산 장군대좌에 부처님의 진신사리를 모신 팔공원탑이 걸터앉았으니 예로부터 팔공산을 장군산으로 일컬어 온 것을 따르자면 장군대좌에 부처님이 앉아 있고, 비슬산은 선녀가 비파를 연주하는 형상인 옥녀탄금형이니 팔공산의 부처님이 연주를 즐겨 듣고 계신 형국이다. 장군대좌인 팔공산의 중심에 호랑이 형국의 약수암이 자리 잡았고, 옥녀인 비슬산에 대견사가 제자리에 자리 잡음으로 인해 달구벌(대구)이 대도약의 시기를 맞이한 것이다.

이 시기에 지역의 중요한 변화를 살펴보면 동화사가 총림이 되었고, 동화사에서 종정과 종회 의장이 나오고, 비슬산 자락에서 태어난 여성 대통령이 취임하고, 현풍면 들녘에 테크노폴리스와 국가산업단지인 사이언스파크가 들어섰다. 관현악단이 음악을 연주하듯이 터가 각기 제 소리를 내고 제 역할을 해 내는 것을 느낄 수 있다.

대구의 주인이 기운을 얻어 흔들어 대니 도청도 저 멀리 밀려난 것이고, 대구 본연의 정체성이 제 색깔을 발현하면서 비슬산 자락에서 태어나 달성군이 지역구인 대통령이 탄생한 것으로 보는 것이다.

팔공산 장군봉은 동화사 대웅전 앞에 서면 누구나 오른쪽으로 올려다볼 수 있는 봉우리다. 《청오경》에 이런 글귀가 나온다.

"찰이안계 회이성정察以眼界 會而性情."

자세히 살피면 누구나 볼 수 있지만 그 숨겨진 성정을 헤아려 알아채기는 참으로 어려운 모양이다.

# 법당 위에 올라앉은 부도탑

약수암을 새로 지으면서 그 진면목이 세상에 드러나자, 같은 시기에 당시 동화사 조실이었던 진제스님이 약수암 법당 뒤쪽으로 내려서는 백호 쪽 산줄기에 직접 터를 잡아 스님의 은사인 향곡선사의 부도탑浮屠塔을 세웠다. 부처님을 모신 법당 위로 부도탑을 올려 세우는 모양새가 되었다.

소문을 듣고 풍수로서 현장을 보고자 올라가 봤다. 마침 진제스님과 상좌上佐 너덧이 공사를 진두지휘 중이었다. 상좌는 스승의 대를 이을 승려 가운데 가장 높은 지위인 사람을 일컫는 말이다. 현장에 들어서니 평소에 안면이 있던 상좌 중 한 분이 아는 체를 하면서 "이 처사가 약수암 터를 잡으신 분"이라고 진제스님께 고했다.

인사를 나누던 와중에 상좌 중 다른 한 분이 물어볼 것이 있다고 내가 무슨 도인이라도 되는 것처럼 말을 건넸다. 얘기해 보시라고 했더니, 어

향곡선사의 부도 공사를 살펴보러 올라갔다가 마침 현장에 나와 계신
당시 동화사 조실 진제스님(왼쪽)을 뵙게 되어 인사를 올렸다.

제가 부도탑 속에 스님의 행장行狀, 즉 고인이 생애에 한 일을 적은 글을 안치하는 날이었는데, 갑자기 맑은 하늘에 천둥벼락이 치고 큰 소나기가 쏟아져서 공사를 중단하고 오늘 새로 시작했다고 설명하면서, 이것이 무슨 징조냐며 진지하고 근심스럽게 물었다.

분위기는 사뭇 무거웠다. 다들 내 입을 쳐다보는 상황에서 바로 대답해야 할 판이었다. 옛날 중국 고사에 보면 제후들이 어떤 명분을 찾아서 한번 역성혁명을 해 보고자 하늘의 뜻을 묻는 천제天祭를 올리게 되는데, 이때 비로써 감응의 표시를 보이면 이것이 하늘의 뜻이 본인에게 있음을 명분으로 삼는 징표가 되었다. 그러나 비를 얻은 사람은 아무도 없었다.

어제의 천둥소리는 향곡선사의 법을 세상을 향해 드러내는 사자후가 아니겠는가, 큰 비는 그 부처님의 법문을 들은 후 참회하고 환희하는 중생의 눈물로 받아들여야 할 것이라고 설명했다. 덧붙여서 전후 사정이 이러하니 내년에는 큰스님에게 아주 좋은 일이 있을 징조라고 일렀다.

그 다음 해에 실제로 진제스님이 종정으로 추대되고 동화사가 팔공총림으로 승격되는 경사가 벌어졌다. 나로서는 뜻하지 않은 상황에서 진실한 마음으로 건넨 좋은 말이 그대로 이뤄지는 좋은 경험을 하게 된 것이다.

내가 이처럼 호쾌하게 대답할 수 있었던 것은 믿는 구석이 있었기 때문이었다. 약수암이 큰 터에 제대로 자리를 잡아 들어앉았으니 동화사의 운세가 날로 좋아질 수밖에 없을 것이라고 확신했기 때문이다.

# 장군의 칼

약수암의 주산인 장군봉에서 백호 쪽(오른쪽)으로 뻗어 나간 산줄기는 날카로운 칼처럼 생겼다. 장군대좌에 장군이 칼을 찬 장군패검將軍佩劍의 형국이다. 칼의 혈은 칼자루에 맺힌다. 칼자루 오른쪽에는 오래전에 세워진 금당선원이 있다. 스님들이 용맹정진하는 심검尋劍의 터다. 날카로운 칼과 같은 지혜를 찾는 집이니 공부하는 스님들이 참선하는 선방禪房이 들어선 것은 너무나 당연한 일이다.

당시 주지였던 성문스님은 대중들이 절에 들어와 머물 수 있는 국제선센터를 짓고자 했다. 선방에서 익힌 불법의 이치를 템플스테이를 통해 일반인에게 접목시키는 장소인 셈이다. 칼자루 왼쪽에 채마밭으로 쓰던 공터에 터를 잡았다. 느슨하게 놓인 칼에 힘이 들어갔다. 한쪽에 금당실만 들어서 있던 산줄기의 맞은편에 국제선센터를 지어서 칼자루를 양쪽에서 꽉 움켜쥔 형국이 된 것이다.

약수암 중창과 함께 지어진 국제선센터. 약수암에서 백호 쪽 입구에 지어졌다.

명상체험장인 참선당과 숙소, 식당 등 네 개 동을 앉히면서 특히 컨트롤센터라고 할 수 있는 사무동의 좌향坐向, 즉 앉은 자리에서 바라보는 방향은 경영이 제대로 이뤄질 수 있는 모양새로 앉혔다. 산의 흐름에서 본채인 사무동의 가운데 기둥이 중심이 되도록 잡아 주고 나머지 건물을 안배했다.

새로 지은 약수암을 성문스님이 거처로 삼고, 다시 칼자루 터에 국제선센터를 지었으니 산만했던 기운이 한 묶음으로 응축되어 큰 기운이 실리게 된 것이다. 국제선센터에서 사찰 체험 프로그램을 운영하니 채소밭이 있었던 한가한 이 골짜기는 동화사 내에서 가장 붐비는 터가 되었다.

터가 제대로 쓰이면 기운을 얻어 융성해지고 그런 분위기가 다시 기운을 모아 주는 선순환이 일어나게 마련이다.

여하튼 기괴한 분위기가 돌아 아무도 돌아보지 않던 약수암이 밝고 화사한 곳으로 바뀌었고, 이를 계기로 골짜기에 자리 잡은 넓은 채마밭이 국제선센터로 변모했다. 외형상의 변화만으로도 골짜기의 분위기가 완전히 달라진 것이다. 터의 가치를 알아보고 어떻게 사용하느냐에 따라 이처럼 큰 차이를 만들어 낼 수 있다는 것을 보여 준 셈이다.

# 100년 된 금장실의 기와불사

동화사를 자주 드나들던 중에 지은 지 100년 된 요사채를 헐어 내는 것을 보게 되었다. 대웅전 뒤쪽 영산전 옆에 종정의 비서실 격인 예경실을 새로 지으면서 배치가 어긋나는 금장실을 헐어 내기로 한 것이었다. 네 칸 겹집인 이 한옥은 구한말 명성황후를 모시던 궁녀들이 원찰願刹, 즉 죽은 사람의 명복을 빌던 법당으로 지은 것이라는 사실은 나중에 알게 되었다.

헐리는 한옥을 보자, 나는 의령군 국사봉 아래, 글공부하는 총각이 긴 장대 끝에 호롱불을 달아매고 가는 형상인 장등혈長燈穴의 집터를 구해 놓은 것에 생각이 닿았다. 성문스님에게 헐어 낸 집을 의령으로 가져가고 싶다는 뜻을 전했다. 그러자 성문스님은 대중들 앞에서 약수암 중창으로부터 여러 불사를 도와준 일봉日峰에게 보답으로 요사채를 줘 의령 국사봉 아래 그대로 복원하게 하겠노라고 공개적으로 선언했다.

먼저 문짝과 마루를 해체해서 청도의 내 집 마당으로 옮겼다. 그날 밤에 꿈을 꾸었는데 한복을 갖춰 입은 여자 둘이 쌓아 놓은 문짝 위에 서서 나를 빤히 지켜보는 것이었다. 두려운 마음이 가득했다.

다음 날 동화사에 올라갔더니 스님들이 금장실 현판 뒤에 얹혀 있던 글을 봤냐고 물었다. '추원록追遠錄'이라 쓰인 판서에는 당시 궁중의 상궁 두 명이 시주를 해 금장실을 지었노라고 자세하게 기록되어 있었다. 퍼뜩 어제 꿈에서 본 여자 둘이 누군지 짐작이 갔다. 당장 술과 다과를 준비해 뜯고 있던 금장실로 올라가 제를 올렸다. 좋은 터에 잘 복원할 것이라고 영혼들을 달랬다.

궁중의 장인들이 와서 지은 금장실이었기에 특히 구들을 어떻게 놓았는지 무엇보다 궁금했다. 청도의 내 집을 고치면서 두 방의 구들을 놓고 뜯기를 수없이 반복하면서 최선의 방법을 찾으려고 애쓰던 시절이었다. 두 방을 번갈아 뜯기를 28번이나 반복해도 석연치 않은 그 무엇이 있었다. 당대 최고의 기술자들이 도대체 어떤 기술을 지녔는지 궁금하기도 했고, 한편으로는 내가 알지 못하는 한 수에 대한 기대도 있었다.

과연 그들이 온기를 가두는 기술은 정교했다. 오랜 세월 동안 궁금했던 전통 구들 기술에 대한 갈증이 금장실 구들을 해체하는 과정에서 완전히 해소된 셈이다. 금장실 구들을 내 손으로 직접 만져서 뜯는 것으로 중요한 한 가지 기술을 습득할 수 있었다.

이후 청도 집의 사랑채 구들을 새로 놓으면서 그때 손과 눈으로 직접 만져 본 구들 기술을 재현해 내 나름대로의 구들 기술을 완성할 수 있었

금장실 현판 뒤에 얹혀 있던 '추원록'. 궁중의 상궁 두 명이 시주를 해서 요사채를 지은 내력이 음각 판서로 자세히 적혀 있다.

다. 네 칸 홑집의 구들을 아궁이 하나로 놓으면서 기하학적으로 완결성을 갖춘 새로운 '일봉표' 구들 기술을 적용한 것이다.

화재 방지용으로 천정에 드리운 제연 칸막이를 생각하면 구들의 원리를 쉽게 이해할 수 있다. 데워진 공기는 가볍기 때문에 위로 쏠리니 공기가 충분히 식은 다음에야 다음 단계로 넘어갈 수 있도록 칸막이를 만드는 것이 핵심이다. 이 원리를 이용해 이중 삼중으로 더운 공기를 가두면 한 차례 군불만으로 닷새 이상 방의 온기를 유지할 수 있었다.

금장실 지붕에서 기와를 내렸는데 기왓장에 전두환 전 대통령 부자의

금장실을 뜯어내면서 기와를 걷어 내던 중에 전두환 전 대통령의 기와불사 흔적이 발견되었다.

이름이 나왔다. 기왓장에는 이들의 이름과 함께 1979년도에 기와불사를 한 사실이 적혀 있었다. 기와불사를 한 그 가을에 10 · 26 사건이 있었고, 그는 결국 대통령의 자리에까지 오른다.

금장실 지붕을 뜯고 보름 후에 전두환 전 대통령의 이름이 신문 1면에 또 나왔다. 이름이 적힌 기왓장이 바닥으로 내려오자마자 박근혜 정권이 전두환 전 대통령의 재산 환수에 나선 셈이다. 까마귀 날자 배 떨어진 격이지만 사람의 운명은 비록 실낱과 같을지라도 결국은 인연의 고리를 따라 자빠지고 꺼꾸러지는 것이라 느껴졌다.

# 일제가 헐어 낸 대견사

일제가 뜯어낸 대견사를 새로 올려 세운 대견봉大見峰은 그 이름부터가 만만치 않다. 대견봉은 대국, 즉 중국에서 보고 찾아왔다고 해서 지어진 이름이다.

대견봉 동쪽에 있는 조화봉照華峰도 비슷한 유래가 있다. 당 태종이 세수를 하는데 세숫대야에 비친 산이 너무 아름다워 화공을 불러 그 산의 모습을 그리게 하고는 전국에 그림을 보내 그 산을 찾아보라고 했으나 찾을 길이 없었다.

그러던 중 도선국사의 스승으로 알려진 중국의 일행선사가 그림을 들고 찾아와 그림 속 산과 똑같이 생긴 산을 찾아내고는 이름을 중국(華, 중국 화)에 비친(照, 비칠 조) 산의 모습이라 해서 조화봉이라 이름을 붙였다. 조선 중기에 발행된 영남 지역의 인문지리서인 《영지嶺誌》에 나온 기록이다.

북쪽의 대견봉(천왕봉)이 월광봉으로 올라서면서 결인하고 조화봉을 동남 방향으로 밀어내면서 서북으로 틀어 내려앉은 곳이 대견사 터다. 큰 힘이 경남 창녕군 화왕산 쪽으로 내려가고 비틀어져 만들어진 자리이다 보니 가면서 벽에 매달리듯 서남쪽으로 돌아서서 절터를 만들었다. 서북으로 가다가 서남향으로 돌아섰으니 180도 회전해서 만들어진 자리다.

절 뒤에는 기운을 올려 세운 도두점, 즉 혈 바로 뒤에 올라선 곳으로

기바위 쪽에서 내려다본 대견사의 전경.

기바위에서 바라본 관기봉.

기바위에서 바라본 월광봉.

사람의 정수리와 같은 부분인 기바위가 주산으로 자리 잡고, 그 뒤로 월광봉이 일직선상으로 놓인다. 백호 쪽이 틀어서 내미는 팔 끝에 탑이 서 있다. 가는 힘을 거두어들이는 형국이다. 쉬어 가는 자리인 정역亭驛형의 터이기도 하다. 각각의 바위에 기바위와 참선바위라고 이름을 지어 스님에게 줬더니, 김문오 달성군수는 그 이름 그대로 안내판을 만들어 바위 옆에 세웠다.

대견사는 일연스님이 《삼국유사》를 집필한 곳이라는 전설이 있을 정도로 오래된 절로 중창을 거듭하다가, 일제 강점기 때 일본의 대마도를 내리누르는 기세를 품었다는 이유로 강제로 뜯어냈다가 이번에 다시 세워진 것이다.

조화봉에서 서북으로 뻗어 내려간 자리엔 거북이알을 낳는 모양인 금구난생金龜卵生 형국으로 대구 테크노폴리스 신시가지가 누워 있다. 관기봉을 안대案對로 잡으면 서남향을 바라보는 간좌곤향艮坐坤向으로 딱 맞아떨어진다. 헐어 냈던 대견사가 서 있던 주춧돌을 기준으로 하면 남향을 바라보는 계좌정향癸坐丁向에 놓이고, 화왕산 쪽으로 등을 보이고

대견사 백호 끝자락의 탑 앞에서 찍은 사진이다.
좌측부터 동화사 전 주지였던 허운스님, 김문오 달성군수, 나, 성문스님.

돌아선 봉우리를 손님으로 맞이하는 안대로 삼게 된다.

원래 놓였던 주춧돌이 발굴되고 문화재 위원들이 보전 차원에서 원래의 좌향을 주장했지만, 그렇게 절을 지으면 반드시 또 허물게 될 것이라고 설득해 간좌곤향으로 새로 앉혔다.

# 늘그막에 밭갈이

청도 용각산에서 나간 줄기는 비슬산으로 향하면서 상원산을 올려 세우고, 이서면 대곡리에 내려앉아서 자계서원 앞까지의 수십 리를 마치 땅바닥에 내려앉았다가 날아올랐다가를 반복하는 새처럼 오르락내리락 달린다. 비슬산에서 청도 쪽으로 흘러내린 모든 물은 이서면 토평리 앞의 들을 감아 돈다. 용의 진행은 이의근 경북도지사를 낸 대곡을 거쳐 군자정이 있는 연지못을 옆에 끼고 솟아올라, 탁영 김일손濯纓 金馹孫의 종택이 있는 토평리 들 끝까지 뻗어 간다.

산줄기를 따라 내려온 물줄기는 자계서원 뒷산을 만나서 감아 돈다. 이서면 안에 있는 구라리 앞의 들(고철리), 그 위에 세월(반시 시조목이 있는 곳), 선녀가 장구를 치는 모습인 옥녀격고玉女擊鼓가 있는 금촌리를 거쳐 온 개천도 백호 득수처인 자계천으로 흘러들어 간다. 여기서 득수처는 혈처 쪽으로 다가오는 물을 뜻한다.

이 터에서 보면 들 끝의 수구처에서 두 개천은 합류해 청도로 내려간다. 화악산이 수구水口 물막이 산으로 물을 안으로 거둬들이는 형국이다. 비슬산은 백호산이 되고, 화악산은 오방午方, 즉 정남향에 있는 수구사로 기운이 빠져나가는 것을 막아 주는 귀한 역할을 하는 산인 셈이다. 여기서 수구사는 물이 빠져나가는 방향을 가로막는 산을 뜻한다.

문무와 부귀가 완전히 갖춰져 오랫동안 지속될 수 있는 좋은 터다. 이런 좋은 터가 오랫동안 쓰이지 않고 남아 있었던 이유는 땅의 소유가 갈려 있었기 때문이다. 정위치에 집을 지을 수 없는 상태로 2필지로 나뉜 빈 땅이었던 것이다.

내가 풍수를 보는 눈이 열린 후 고향인 청도에 세거지를 마련해야겠다고 마음먹은 참에 처음으로 눈에 들어온 터가 바로 그곳이었다. 내가 청도에 산다면 그곳에 살고 싶은 곳이었던 셈이다. 그중 왼쪽 터는 나의 선조인 삼족당 김대유三足堂 金大有의 제실이 있던 곳이어서 애착이 더했다. 그럼에도 불구하고 그 땅을 살 수는 없었다. 그렇게 세월이 지나고 청도읍 내리에 있는 지금의 집터를 구하는 바람에 그 터는 마음 한구석에만 남았다.

그러다가 자동차 부품업체를 하는 김 회장으로부터 오랜만에 연락이 와서 집터를 구해 달라는 부탁을 받았다. 김 회장은 선대로부터 물려받은 회사를 잘 키웠다. 내가 알고 지내던 세무서장 출신의 세무법인 김 대표가 김 회장과 인사를 터 주었던 것이다. 김 대표는 김 회장의 본적지로 되어 있는 경북 상주시 함창읍 사람이었다. 그런 인연으로 김 회장의 조부모 산소를 살펴보게 되었다. 묘비석을 보던 중에 '여고금슬如鼓琴瑟 73년'이란 문구가 눈에 띄었다. 부부가 73년을 해로하고, 조부를 따라 1주일 만에 조모마저 돌아가셔서 함께 묻혔다는 것이다. 집안 내력이 그만큼 탄탄했다.

생각이 닿아 예전 그 터에 대해 다시 알아보던 중 다른 일로 뵈었던 청도군 이서고등학교의 교장 선생님이 사정을 듣고 도왔다. 김 회장이 그 땅을 매입할 수 있게 된 것이다. 김 회장 입장에서는 나와 10년간을 교류하던 끝에 좋은 터를 얻은 셈이다.

이 일을 겪으면서 터에는 주인이 따로 있다는 생각이 들었다. 사람이 사람을 만나는 인연처럼 사람이 터를 만나는 것도 인연법을 따라가는 모양이다. 나중에 들은 얘기로는 이 지역에 내려와 있던 코미디언 전유성 씨도 이 땅을 매입하고자 수차례 시도를 했다고 한다. 터의 운명처럼 부귀와 복이 오래도록 잘 이어진다면, 이 터는 한 가문의 종갓집으로 오래도록 전해져 내려갈 것이다.

집의 좌향이 정해지고 공사를 시작할 즈음 김 회장에게 내가 생각해 둔 당호堂號를 건넸다. 만경헌晩耕軒이라고 이름을 지은 것은 인생 후반에 세상일을 마무리하고 물러앉아 후손들을 기르고 가르치는 좋은 장소로 쓰이길 바라는 마음이었기 때문이다.

지역사회에서 모범적인 2세 기업인인 김 회장은 평소에 처신이 소박하고 근검절약하기로 소문난 분이다. 좋은 터에 집을 짓는 중에도 장성한 자식을 불러 일일이 보여 주고 점검하게 했다. 자신의 정성과 마음이 자식에게 고스란히 전해지기를 바라는 마음이 역력해 보였다. 늘 후대를 생각하는 김 회장은 좋은 터와 인연을 맺어 준 나에 대한 보답으로 의학전문대학원에 갓 입학한 내 자식의 학비 후원을 약속했다.

김 회장의 조부는 연안 김 씨로 경기도 파주가 근거지인 사람이었다. 조부가 돌아가시면서 김 회장은 고령군 성산면 사부리에 선산을 마련했다. 원래 땅 주인이 밭만 팔고 싶어 했는데, 김 회장이 산을 팔면 밭도 사 주겠다고 설득해서 키질하는 키 형상의 산을 샀다. 이런 형세의 터는 살림이 벼락처럼 일어난다는 속설이 있다.

건좌손향乾坐巽向인 선산은 주산인 의봉산이 서북에서 동남으로 내려오는 형세로 모양새가 짧고 긴박하게 끊어진다. 형세는 갖추었지만 물빠짐이 오른쪽으로 와서 남쪽으로 나가는 형국이다. 정남향으로 물이 나가면 서북에서 내려오는 용한테 좋지 않은 고로 중년에 상당히 어려운 일이 있을 수 있다고 보는 것이다.

김 회장은 선영 아래 관리소를 현대식으로 지어 직원들이 주말농장으로 활용할 수 있도록 배려하고, 자신도 가까운 손님들을 모셔서 산소에 대해서 설명하고, 차를 대접하거나 직접 음식을 준비해 대접하곤 했다. 그러면서도 김 회장은 늘 좋은 터를 구해서 선산을 새롭게 조성하고자 하는 의욕을 내비쳤다. 또한 아파트에 살면서 전원생활을 겸한 집안의 근거지를 마련하고자 하는 생각을 품었기 때문에 마침내 좋은 집터를 구하게 된 것이다.

혈처를 사들인 후에 주변 밭을 더 사들여서 600평 정도가 되었다. 터

혈맥이 내려앉은 혈처에는 암석이 묻힌 가운데 뚜렷이 구분되는 부드러운 흙더미가 자리 잡고 있었다.

고르기 작업을 하던 중에 돌로 맺어진 정혈正穴에서 주변의 토사와는 분명하게 구분되는 밝은 색의 혈토가 드러났다. 집 뒤에서 들로 내려서는 부분이 암석으로 맺어져 전형적인 명당터임을 드러내 보였다.

기본적으로 돌이 있는 가운데는 흙이 고인 부분이 진혈이고, 흙구덩이 속에서는 돌이 있는 부분이 진혈이다. 집터로 들어서는 대숲이 있는 언덕에는 정혈이 바위로 맺어졌고, 바닥으로 내려서서는 온통 판석 조각이 깔린 가운데 정혈에만 밝은 색의 혈토가 정갈스럽게 들어앉아 있었다. 모든 것이 갖춰진 자연의 조화가 신비롭기만 했다.

# 화염에 그슬린 시신

전남 진도의 산은 아기자기하다. 웅장하거나 장대하지도 않고 거칠지도 않다. 모양이 각양각색이고 각자의 성정을 드러내기를 꺼리지 않는 시원시원하고 아름다운 모습이다. 그래서 그런지 이런 자연의 모습처럼 진도 사람들은 재주가 뛰어나고 각자 다양한 솜씨를 자랑한다.

젊은 시절 애견 사업을 할 때는 진돗개 때문에 수없이 진도를 드나들었다. 풍수 일로 진도를 간 것은 전통춤을 하는 이귀선 선생과 함께 씻김굿 공연을 보러 갔다가 진도북춤꾼인 박동천 씨의 모친 산소를 봐준 것이 빌미가 되었다. 모친이 가신 지 3년 정도 지났는데 집안이 편치 않았던 모양이어서 산소를 한 번 봐줬으면 하고 청한 것이다.

400년 동안 100여 기의 조상 산소가 모셔진 선산에 올라가 보니, 산은 나무가 누운 형국인 목형이었다. 산소를 혈장에 모시지 못하고 혈장의 청룡에 모신 데다 머리 부분과 다리 부분으로 수맥이 지나가는 것으로 추정되었다. 왼쪽 청룡 능선에 모셨기 때문에 청룡이 없는 상황이고, 청룡을 주산 삼아 산소를 썼기 때문에 장손이 좋지 않은 상황일 것이었다. 조심스럽게 물었더니, 산소를 모신 뒤 형님의 가세가 기울어 집까지 팔았다는 것이었다.

당시에 부친이 몹시 편찮으시니 상이 나갈 때 모친도 같이 이장을 하자고 해서 당시 모친의 산소가 있던 장소에서 10m 정도 우측에 터를 잡아 주고 왔다. 과연 6개월쯤 후에 부친상을 당했다고 기별이 왔기에 가

박 씨 문중의 선산에 모신 모친 산소를 파헤치자,
수맥이 지나간 자리가 불에 탄 듯이 새까맣게 그슬려 있었다.

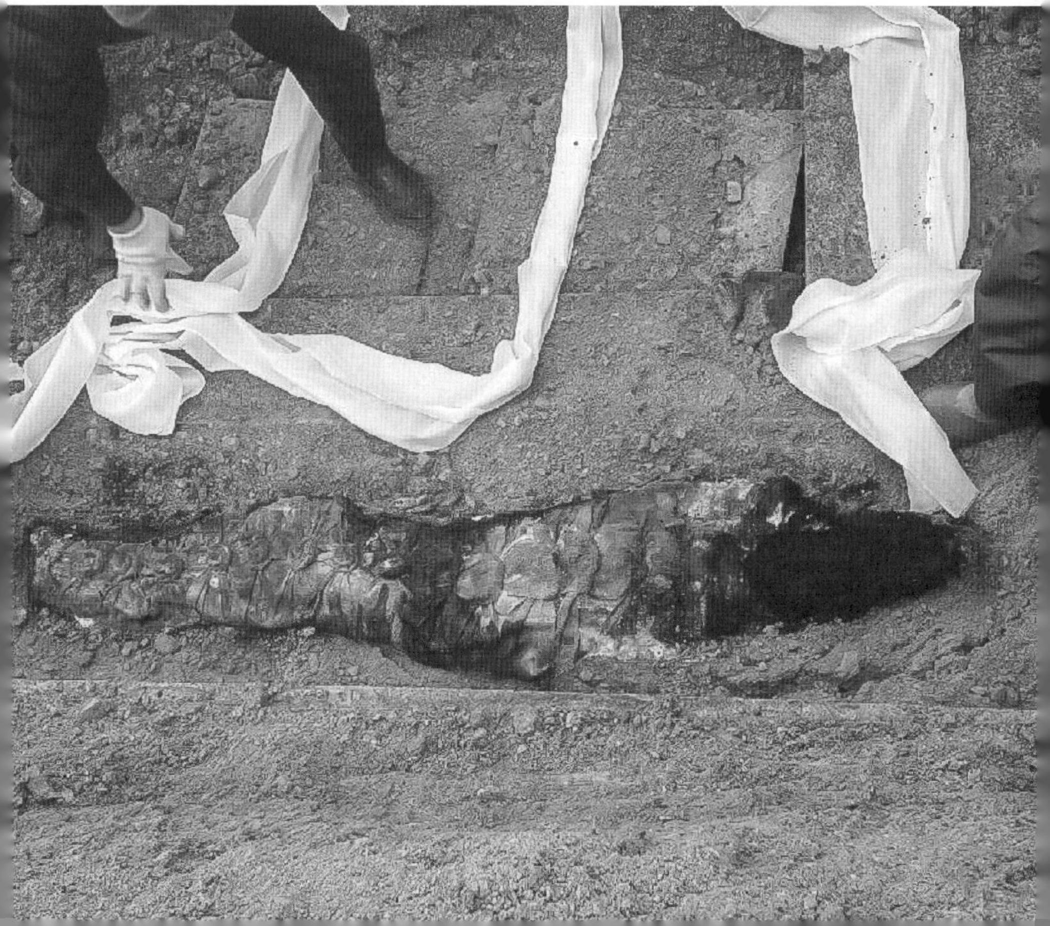

서 모친의 산소를 열었더니, 수맥이 지나간 것으로 보이는 시신의 머리 부분과 다리 부분이 미리 얘기했던 것과 같이 새까맣게 탄 것처럼 보였다. 수맥이 지나가는 자리에 화염을 불러들여 시커멓게 탄 것처럼 변색된 것이었다.

이 일이 있은 후에 내가 땅속을 훤히 들여다본다는 소문이 돌기 시작했다. 그뿐만 아니라 연이어 산소를 봐 달라는 기별이 뒤따랐다.

전통춤 기능 보유자인 강 선생이 친정아버지의 산소를 봐 달라고 요청했다. 산에 올라가 보니 용 두 마리가 내달리는 계곡에 산소가 있었다. 남쪽을 향하는 계좌정향으로 산소를 앉혔는데 정방丁方에 못이 있었다. 계수癸水가 들어와 빠져나가지 못하는 형국이었다. 이런 형국이라면 자손이 절손될 위기에 맞닥뜨린다고 알려줬다. 그랬더니 그 산소에 모신 지 6개월도 안 되었는데 실제로 27살 친정 조카가 백혈병이 발병해 잘못되면 절손이 될 위기에 처했다는 것이었다.

이장이 거론되었고 10㎞쯤 떨어진 곳에 있는 입향시조를 모신 선산에서 장소를 찾아보자고 했다. 북향터인데 마침 증조부 산소 아래쪽에 터를 찾아서 이장을 준비하도록 했다. 모신 지 6개월밖에 안 되었는데 묘를 헐어 내어 관을 열었더니 시신이 물에 잠겨 있었다. 이장 후 조카의 골수이식 수술과 치료가 성공적으로 마무리되었고, 비로소 안정기에 접어들었다는 소식을 전해 들었다.

진도 예술총감독이었던 무송舞松 고 박병천 선생의 아들인 박환영 부산대 교수를 소개받아 고인의 유택을 감정할 기회가 있었다. 그 일로 인

강 선생의 친정아버지 산소를 파헤치자, 관에 들어차 있던 물이 주루룩 쏟아져 나왔다.

해 고인과 같은 시대에 인간문화재였던 인사들의 유택을 한곳으로 모아 기념사업공원을 만들자는 의견이 나왔다. 그래서 고인의 후학인 향토문화회관 김오현 단장을 중심으로 사업 계획을 추진하면서 사업지 선정을 의뢰받아 현지 답사를 하기도 했다.

# 눈 안에 손가락뼈

전설 따라 삼천리에나 나올 법한 얘기다.

눈이 열린 풍수가 터를 찾으러 깊은 산중을 헤매던 중에 노천에 드러난 유골을 만났다. 주변을 자세히 살피고 정황으로 미루어 보건대 호랑이가 잡아먹은 흔적이 완연했다. 산 중의 왕이요, 영험한 존재인 호랑이는 자신의 영역 안에서 가장 편안하고 좋은 곳에 자리를 잡고 포획한 먹이를 먹기 마련이다. 호랑이가 사람을 잡아먹은 것으로 여겨지는 그 터도 과연 그러하였다.

그 풍수는 한 자락 심술궂은 마음을 먹은 끝에, 유골의 왼쪽 눈 안에 작은 나뭇가지를 걸쳐 놓고는 뒷짐을 지고 산을 내려갔다. 골짜기를 따라 내려간 산자락에는 옹기종기 마을이 있었다. 마을에 들어선 풍수는 식객으로 머물면서 능청을 부렸다.

한나절도 지나지 않아서 건넛마을 최 부잣집 영감이 갑자기 눈병이 나서 의원을 모셔 가고 난리가 났다는 소문이 들려왔다. 영감이 눈병 치료를 위해 백방으로 힘을 쓰는 통에 동네가 떠들썩했다. 용하다는 의원이 몇이나 다녀가도 소용이 없었다.

풍수는 이튿날 해가 저물 즈음에 최 부잣집 대문에 들어섰다. 영감을 만나 보니 왼쪽 눈이 아파서 쩔쩔매고 있었다. 풍수는 대뜸 눈병을 반드시 낫게 해 줄 것인데, 그 대가로 무엇을 줄 것인지 물었다. 욕심 많은 영감으로부터 답을 듣지 못한 풍수는 일단 물러나 기다렸다. 나중에 다급해진 영감이 풍수를 찾아왔다. 집 앞의 봇장논 서른 마지기와 누렁이 황소를 내놓을 테니 제발 눈병을 낫게 해 달라고 매달렸다.

풍수는 하룻밤 자고 나면 눈병이 반쯤은 나을 것이라고 영감을 달래서 보냈다. 그러고는 사람들 몰래 산에 올라가 유골 눈에 꽂아 놓았던 나뭇가지를 반쯤 꺼내 놓고는 다시 산을 내려왔다. 다음 날 새벽에 영감이 풍수를 찾아왔다.

눈병이 많이 나았다는 것이었다. 그러고는 약조한 것을 당장 내놓을 테니 눈병을 완전히 낫게 해 달라고 매달렸다. 풍수는 조급증을 내는 영감을 데리고 산에 올랐다. 호상을 당한 시신이 있는 곳으로 가서는 그동안의 상황을 자세히 설명했다.

알고 보니 영감이 어릴 적에 부친이 호랑이에게 물려가는 바람에 시신도 찾지 못하고 제사만 모시는 중이라 했다. 그런데 그 후에 살림이 불같이 일어나 인근 100리 안에 최고의 부자가 되었다고 했다. 유골의 눈 안에 넣어 놓았던 나뭇가지가 눈병의 원인이었음을 전해 들은 영감은 그렇게 아버지의 시신을 찾은 셈이었다. 호랑이가 사람을 잡아먹은 바로 그 자리가 명당이었던 덕에 최 부잣집 살림이 크게 일어났던 것이다.

풍수는 그 명당에 고스란히 부친을 모신 영감으로부터 융숭한 대접을 받았고, 한 살림을 받아서는 강나루 건너 남쪽 어딘가로 떠났다고 한다.

실제로 남동희 박사의 6대 조모도 호랑이에게 물려 돌아가셨다고 했다. 경북 문경군 호계면 견탄리에 있는 남 박사 조모의 산소가 있는 선산 일대가 국군체육부대가 이전할 부지로 들어가는 바람에 이장을 하게 되어서 내가 직접 선산을 살펴본 적이 있었다. 시신이 발견된 자리를 그대로 산소로 삼았다는 그 터는 우뚝 솟은 오정산 기슭의 주인 자리로, 보기 드문 명당이었다.

한 길 반이나 깊이 묻힌 시신은 손가락 뼈마디 하나도 빠짐없이 수습되었다. 상주시 공검면 오태저수지 옆에 있는 선산에, 아름드리 소나무를 잘라 낸 자리에 이장을 했다. 멀리서도 눈에 띄는 유난히 밝은 터였다.

재산 때문에 형제 간에 분쟁이 났다. 동생들이 형수를 가두고 마침내 형수를 보쌈하려 들었다. 안방에 갇힌 형수는 구들장을 들어내고는 어린 자식을 업고 도망쳤다. 걸어서 서울로 나와 혼자서 아이를 키웠다. 그 아들이 장성해서 마침내 서울역장을 지냈다.

몰래 도망쳤던 형수는 힘 있는 아들을 앞세워 다시 동네로 돌아왔다.

그리고 묵은 일을 되살려 일벌백계하듯이 시시비비를 가렸다. 그 일로 동네에서 호랑이 할머니로 통했다. 호랑이 할머니의 맏손자가 어릴 때 넘어져 왼쪽 눈 위가 찢어졌다. 보기 흉한 큰 흉터가 남았다. 그의 아들인 증손도 7살 때 목욕탕에서 넘어져 같은 자리에 같은 흉터가 생겼다.

포천에 산업단지가 들어서면서 토지수용이 되는 바람에 호랑이 할머니의 산소를 이장해야 했다. 파묘를 하고 유골을 수습하던 중 섬뜩한 장면을 목격했다. 할머니의 손가락 뼈마디가 왼쪽 눈 안에 들어 있었기 때문이다. 동네로 돌아와 시시비비를 가리는 중에 또 다른 원한을 샀던 모양이다. 누군가 의도적으로 시신의 손가락을 훼손해 저주의 표시로 눈에 집어넣은 것이었다.

무덤 속에 누운 할머니의 눈이 불편하니, 세상살이를 하는 손자와 증손의 눈에도 흉터가 생긴 것으로 여겨졌다. 이런 현상을 보면서 이미 무덤 속에 묻힌 조상과 지금 세상을 살아가는 후손들과의 관계가 이렇게 긴밀하고 긴박하게 연관 지어진다는 것이 신기하게 여겨졌다.

한편으로는 무섭기도 했다. 유전인자가 같은 조상이 저 세상에서 불편한 일을 당하면 현세를 살아가는 후손에게 그 고통이 그대로 발현된다고 생각하니 두렵지 않을 수가 없는 노릇이다.

어쨌든 강원도에 산을 사서 이장을 했다. 춘천시 동면에 있는 산 정상에 상제봉조上帝奉朝형, 즉 왕에게 문무백관이 조복하는 형국의 터를 잡아 이장한 후에는 그나마 그 집안에 좋은 일들이 이어져서 다행이었다. 손자가 도왔던 후보는 총선에서 경기도 지역 국회의원으로 선출되었고,

춘천 동면에 잡아 준 호랑이 할머니의 산소. 상제봉조형 터.

운영하던 소프트웨어 업체가 의외의 성과를 거두면서 상장을 계획할 정도로 성장했다는 좋은 소식이 들렸다.

# 서쪽 기운이 세면 막내딸이 잘 풀린다

청도에 사는 박 씨는 4남매 중 유일한 아들이었는데 자식은 딸만 셋이라, 고민 끝에 내게 조상 산소를 살펴봐 주기를 요청했다. 산소는 동북향으로 가는 터에 동향으로 잡았다.

풍수 이론에 따르면 팔괘는 방향에 따라 관장하는 기운이 서로 다르다. 북쪽은 중간아들의 기운, 남쪽은 중간딸의 기운, 동쪽은 큰아들의 기운이다. 서쪽은 막내딸의 기운이고, 서북쪽은 늙은 아비의 기운이다. 동남쪽은 큰딸의 기운이고, 동북쪽은 막내아들의 기운이고, 서남쪽은 어미의 기운이다.

박 씨 집안의 터는 서쪽 기운이 왕성해 막내딸이 집안을 일으키는 것으로 되어 있었다. 풍수 책자의 원문을 인용하자면, 서쪽 산이 단정하면 '산단좌지태지 출말녀지연홍山端坐之兌地 出末女之蓮紅'이라 해서 막내딸이 활발한 사회 활동으로 집안을 일으키는 것으로 풀이된다.

삼성 이건희 회장이 직접 현지 답사를 해서 사들인 영덕 칠보산 자락의 삼성전자연수원 자리는 서쪽이 주인 역할을 하는 터로, 칠보산의 이름은 숫자 7이 서쪽을 가리키고 '서쪽이 곧 보배'라는 뜻인지라 이 터의 기운은 곧 막내딸이 유흥으로 집안을 일으키는 것으로 해석된다. 그곳 동네 이름은 범흥凡興이라 해서 누구나 흥청거릴 수 있는 유흥의 터다. 실제로 칠보산 자락에 자리 잡은 병곡리는 고래불해수욕장의 끝자락과 맞물려 휴양지로 명성이 높다.

청도군 매전면 금천리의 명당에 대대로 터를 잡고 살아온 박 씨 집안의 사례를 살펴보아도 서쪽 기운의 영향을 쉽게 볼 수 있다. 박 씨의 막내 여동생은 지방 소도시에서 온천을 경영하는 부잣집으로 출가해 큰살림을 일궜고, 경북 영덕군이 시댁인 큰누나는 식당으로 큰돈을 벌었다. 실제 박 씨의 모친도 집안의 종부 역할을 충실히 하면서 부친보다 오히려 더 활발하게 사회 활동을 했던 것으로 알려졌다.

조부모의 산소가 서쪽 방향으로 놓여서 그러하다는 얘기를 들은 박 씨의 부친은 급한 마음에 서둘러 이장을 했으나 그나마 그 기운이 끊겨서인지 종부인 박 씨의 모친이 한 달도 채 지나지 않아서 세상을 버리는 상황이 발생했다.

풍수에서는 '장택삼요葬擇三要'라 해서 택지, 택일, 장법 등 세 가지의 요소를 중히 살펴야 한다. 우선 터를 잘 구해야 하고, 또 집안 가족들의 해당 년도 운세를 보아 일시를 신중히 선택해야 한다. 즉, 택일을 가볍게 생각해서는 안 된다.

단정하게 내려앉은 주산이 옥동자가 앉아 공부하는 옥동독서의 형국이다.

공교롭게도 박 씨의 모친이 삼재가 들었던 해에 조부모 이장이 이뤄졌다. 삼재가 든 해에 조상 산소에 손을 댔으니, 재앙이 닥친 것으로 보였다. 박 씨 모친의 산소일로 다시 만났을 때 이장했다는 사실을 전해 들었다. 새로 잡은 모친 산소는 옥동독서玉童讀書 형으로 어린아이가 책상에 앉아 공부하는 형국이다.

이는 서쪽 산의 기운이 준비 없이 잘려 나가면서 곧바로 재앙이 닥친 것으로 볼 수 있다. 전통적으로 남아선호 사상에 따른 것이기는 하지만, 딸자식이 잘되는 일도 복 중의 하나임에는 틀림이 없는 사실이렸다.

이렇듯 때로는 풍수의 일이 생사를 가르는 경우도 없지 않다. 터로 인해 불거지는 일련의 자연현상은 시와 때를 가리지 않고, 사람도 몰라보고 무자비하게 정해진 그대로 거침없이 진행되기 때문이다. 그만큼 풍수의 일이 엄정하고 두려운 것이기도 하다.

## 엉터리에서
## 조선 최고로 달라진 평가

개업식에 참석해 달라는 연락이 왔다. 경북 김천군 농소면 봉곡리에 있는 폐교에 들어선 '이화만리'라는 음식점이었다. 잔치국수와 돼지고기 수육이 메뉴의 전부였다. 동남향으로 뻗은 산줄기가 개천을 가로막은 안쪽에는 교회와 학교가 들어섰다. 산자락이 떨어지는 과수원이 좋은 터였다.

식당의 대표인 위 아무개는 이 동네에서 태어나 김천고등학교를 나오고 경북대학교 총학생회장을 지낸, 고집이 세고 자기 생각이 뚜렷한 위인이었다. 8년쯤 전에 장인이 세상을 떠났다면서 갑자기 기별이 와 내가 경북 영양군 일월면 주실마을에 있는 처갓집 선산에 산소를 잡아 준 적이 있었다. 위 대표의 처가 시인 조지훈의 일가이고, 주실마을에서 태어났다.

동네를 감아 도는 개천이 흘러 나가는 물가 언덕에 터를 잡았다. 가파른 산이 단단한 바위로 층층이 결인을 하고 내려섰다. 청룡과 백호가 불쑥 내민 바위로 양쪽에 놓였다. 좌정한 양쪽 무릎 사이에 매달린 그것과 같은 자리여서 낭심혈이라 할 수 있는 터였다. 바로 앞으로 흐르는 개울물은 이곳에서 속도가 느려지면서 넓은 호수처럼 보이고 가까운 안산이 앞쪽으로 완만하게 밀고 들어오는 좋은 터였다. 오른쪽 건너편에는 문필봉이 알밤을 엎어 놓은 것처럼 보기에도 좋았다. 조지훈의 생가에서 보면 그 문필봉이 바로 대문 밖에서 손에 잡힐 듯 바짝 다가선 모습을 볼 수 있다.

산역山役, 즉 시신을 묻고 무덤을 만드는 일을 끝내고 나서 위 대표에게 "터가 좋아서 처가 덕을 좀 보게 생겼다"고 귀띔해 주었다. 이 일이 계기가 되어 위 대표는 고향인 김천 농소에 터를 찾아 달라고 청했다. 부모님 산소를 모실 산을 마련할 생각이었다. 집 가까이에 좋은 터를 찾아 알려줬다.

그런 와중에 위 대표의 사업이 무너지기 시작했다. 구미 시내에 땅을 사서 시작한 레지던스 사업이 2008년 9월 리먼브라더스 사태로 부도가 나고, 뒤 이어 간신히 시작한 다른 사업들도 줄줄이 나자빠졌다. 내가 엉터리 사기꾼이라는 말이 건너왔다. 산소를 들이고 나서 바로 처제가 이혼을 하고 위 대표의 사업도 실패를 거듭하자 그런 말이 나온 것이었다. 그런 말을 전해 들은 나도 마음이 씁쓸했었다.

그랬던 위 대표가 이번 개업식에서 마이크를 잡고 내빈들의 소개를 하면서 한 말이 놀라웠다. 나를 소개하면서 '조선 최고의 풍수'라고 한 것이다.

무슨 일이 있었는지 궁금하기도 했거니와 근황이 어떻게 돌아가는지 식사 자리에서 물었더니, 아내가 운영하는 회사가 잘돼 모든 실패를 덮었다고 했다. 그리고 김천의 1억 원대 수익을 내는 농가 인터뷰 건을 계기로 협동조합을 만들었고, 폐교를 리모델링한 건물을 좋은 조건으로 얻어 식당을 열었다는 것이다. 혁신도시와 관련해 전원주택단지 사업도 진행 중이라고 했다.

식사를 마치고 터가 좋아 보여 동행들과 함께 북쪽 산줄기로 올라섰더니 과연 큰 터가 비어 있었다. 능선 위에 결인한 아래로 산꼭대기에 가깝게 낮은 위치에 새 둥지나 소쿠리처럼 생긴 와혈 형태로 터가 숨어 있었다.

# 호랑이 발치에 새끼 꿩

미국에서 돌아온 태권도 사범이 나를 찾아왔다. 사업이 기울고 매사가 뒤숭숭하니 산소를 다시 살펴보고자 한다는 것이었다. 구미시 해평면 금산리에 있는 오래된 선산에 모신 부친의 산소는 수맥 위에 걸쳐져 있었다. 선산의 좀 높은 자리에 마침 큰 터가 비어 있었다. 큰 바위 아래 바짝 붙여서 큰 혈처를 찾아 설명해 줬다. 특히 청룡자락 어깨 위에 놓인 커다란 바위가 일품이었다.

산이 좋고 지경이 좋은 선산에서도 산소를 잘못 들이면 이런 일이 있을 수 있겠구나 싶었다. 파묘를 하고 관을 들어내자 물이 줄줄 흘러내렸다. 미국식으로 양복을 입은 시신을 수습하는 과정에서 무릎이 꺾여 관 옆에 기댄 것이 눈에 들어왔다.

산역을 마치고 내려오는데, 당초 왼쪽 다리를 절뚝거리며 지팡이를 짚고 참석했던 고인의 큰딸이 멀쩡하게 걸어서 내려오는 것이 아닌가.

본인도 무슨 원인인지 모르겠는데 아팠던 무릎이 신기하게도 괜찮아졌다며 멀쩡하게 걸어서 산을 내려갔다.

시신을 새로 묻으면서 꺾인 무릎을 펴서 잘 모셨는데 그 효험이 바로 나타난 모양이었다. 죽은 조상의 몸이 자식의 몸에 이렇게 분명하게 영향을 미치는 경우는 이것이 첫 경험이었다. 이후로 풍수 일을 하면서 여러 번 이런 경험을 하게 된다.

터가 넓어서 산소를 크게 조성하고 주변의 나무를 잘라 내자 웅장한 모습이 드러났다. 조상이 마련한 좋은 터에 좋은 자리를 찾아서 들어간 것이라 모두가 흡족해 했다.

그러나 호사는 오래가지 못했다. 구미에 제5차 산업공단이 들어선다고 발표하면서 이 선산이 수용대상에 포함된 것이다. 잘 옮긴 부친의 산

산소를 파헤치자, 물기가 전혀 없는 푸석푸석한 모래땅인데도 불구하고
관 속에 물이 가득했다.

소는 물론이고 수백 년에 걸쳐 이 산자락에 묻힌 수십 기의 조상 산소를 모두 옮겨야 할 판이었다. 이 선산이 유독 아쉽다는 생각이 들었던 것은 산을 더듬는 과정에서 좋은 혈자리를 몇 개 더 보았기 때문이다.

이장한 태권도 사범의 부친 산소. 청룡 어깨에 뚜렷한 바위 산맥이 자리 잡았다. 그 바위 너머 아래쪽에는 꿩이 새끼를 치는 모양의 복치혈이 들어앉았다.

큰 산소가 결인하는 산줄기에서 서쪽으로 내려선 자리에 여우혈이 있었다. 나무의 기운을 지닌 갑좌 방향으로 앉은 여우혈은 소쿠리처럼 생긴 와혈 형태로 우묵하게 들어간 여우굴처럼 사람의 눈에 잘 띄지 않았다. 무릎 근처에 물을 거슬러서 되돌리는 개미집만 한 흙무더기도 일품이었다. 멀리 천산 만산이 겹겹이 둘러선 이 자리는 결코 작은 자리가 아니었다.

이장한 산소의 청룡자락 바깥으로 긴장감이 도는 형국이 눈에 들어왔다. 이른바 꿩이 엎드린 형국인 복치혈伏雉穴이었다. 건너편에 우뚝 솟은 산이 독수리 형상으로 꿩을 노려보는 가운데, 청룡자락을 휘감은 큰 바위가 호랑이처럼 독수리가 내려앉기를 기다리는 모양새다.

독수리는 꿩이 새끼를 치면 낚아챌 요량으로 호시탐탐 기회를 노리지만 뒤에 앉은 호랑이가 두렵고, 호랑이한테 꿩과 그 새끼들은 먹잇감이 아니지만 독수리는 사냥감인지라 삼자 간의 팽팽한 긴장 상태가 지속되는 가운데, 오히려 까투리는 유유자적하게 새끼를 키워서 새 살림을 나간다는 설정이다. 큰 바위 아래 혈자리는 몸에서 낸 청룡자락과 백호자락을 거느리고, 역설적이게도 아늑한 분위기에 천연덕스럽게 놓였다.

이런 아기자기한 살림살이들이 모두 공단으로 변한다고 하니 세상일은 참으로 복잡하고 다난하다고 아니할 수 없다.

# 오시 하관에 햇무리

박 선생은 풍수마루에 뒤늦게 합류한 회원이었다. 몇 차례 답산에 참석한 후 조심스럽게 선산에 모신 부모 산소를 둘러봐 주기를 요청했다. 대구 인쇄업계의 좌장이었던 박 선생은 맏이인 형이 일찍 죽고 장손이 장가를 들지 않은 데다 장가 간 자신의 아들마저 손녀 둘을 낳고 출산을 그친 후라 손을 잇는 문제가 큰 걱정거리였다.

군위군 우보면 봉산리 선산에 모신 산소는 겉보기로는 좋아 보였다. 서북으로 가던 산줄기가 동북으로 꺾여서 진행하다가 동남으로 흘러내린 비탈에 들어서서 돌아오는 백호가 안산으로 마주 앉은 형국이었다. 재물은 좀 있으나 절손될 가능성이 높은 자리였다. 무엇보다 수맥이 지나는 자리여서 이장이 불가피했다. 산소 뒷자락 진흙 구덩이에는 산돼지들이 모여들어 목욕을 하는 자리인지 어수선하고 엉망이었다.

이장할 자리를 찾는데 산등성이로 올라서니 그곳은 동네 사람들과 같

금오탁시 형국에서 안산에 해당하는,
누워 있는 시신 모양의 산세.

이 사용하는 공동묘지 자리라고 했다. 동북을 바라보는 터를 찾아 놓고 보니 봉산이라는 동네 이름처럼 새의 물형이었다. 당장은 큰 나무들이 들어서 숲이 우거졌으니 안대가 보이지 않았다. 옛 산길은 군위에서 효령장터로 넘어가는 고갯길이었다.

터는 산길 위에 가로질러 놓여 있었다. 장터를 오가는 고갯길이라 수백 년 동안 수많은 사람들이 이 터를 밟고 지나다녔을 것이었다. 그럼에도 불구하고 그 터는 성정을 드러내지 않고 숨어 지내다가 드디어 제 모습을 나타낸 것이다. 눈이 밝은 풍수를 만나서 터가 제 역할을 하게 된 것이다.

파묘를 하고 이장을 위해 주변의 큰 나무를 베어 내니, 멀리 비봉산과 금성산이 이어진 형상이 마치 부처님 다비식을 위해 시신을 장작 위에 올려놓은 형국이었다. 오토산과 배미산 등은 성문연각聲聞緣覺, 즉 부처님 다비식을 참관하기 위해 둘러선 사람들처럼 보였다. 성문연각은 원래는 부처님 제자를 뜻했지만 현재는 넓은 의미로 불교를 믿는 일반 대중을 넓게 가리킨다.

천광을 해서 봉분을 조성하는 내내 오색의 햇무리가 사라지지 않고 계속되었다.

새가 시신을 건너다보는 것이라면 까마귀가 시체를 쪼아 먹는 형국인 금오탁시金烏啄屍인 셈이다. 큰 국세에 금오탁시라면 어김없는 제왕지지라 할 수 있다.

파묘를 하니 상황은 생각보다 심각했다. 수의는 그대로 있는데 시신이 흔적도 없이 녹아 버렸고, 부친은 정강이뼈 정도만 남았다. 수맥의 간섭이 그만큼 심했던 것이다.

터를 다듬고 오시에 하관을 하는데 또 다시 기적 같은 일이 벌어졌다. 맑은 하늘에 햇무리가 생겨 하관을 하고 봉분을 만드는 내내 무지갯빛이 비쳤다. 서광이라 아니할 수 없다.

큰 터를 그렇게 간절히 찾는 사람에게는 좋은 터와의 인연이 잘 맺어지지 않는데, 뜻하지 않은 상황에서 우연히 큰 터가 불쑥 모습을 드러낼 때는 터를 찾고 혈처를 정하는 나마저도 깜짝 놀라지 않을 수 없다. 운명이라는 말밖에는 달리 해석할 길이 없다.

이를 지켜보던 박 선생과 집안사람들도 이 기이한 현상에 벌어진 입을 다물지 못했다. 박 선생의 아들은 당장 그 자리에서 출산을 약속했다. 박 씨 집안의 대가 이어질는지는 더 두고 볼 일이다.

# 땅은 사용하는 사람이 주인

서울 동대문시장에서 포목상을 하던 이 사장을 만난 것은 나와 가깝게 지내던 경북 고령의 진불심 보살이 중간에 있었기 때문이다. 충남 공주 사람인 이 사장이 한옥마을을 지어 자식에게 물려주겠다는 생각으로 천안의 아우내중학교 터를 사들였는데 일이 어려워지면서 풍수 감정을 부탁한 것이었다.

두 강이 아우르는 병천면의 언덕 위에 자리 잡은 아우내중학교는 보기 드물게 좋은 터였다. 운동장이 있던 터에는 철재를 다루는 공장이 들어서 있었다. 고향 후배에게 월세를 받고 임대를 줬던 모양이다. 문득 터는 터를 소유한 사람보다 터를 사용하는 사람의 운세에 더 심하게 간섭한다는 점이 떠올랐다. 좋은 터를 얻어 공장을 경영하는 세입자가 이 터를 인수할 수도 있겠구나 하는 생각이 들었다.

이 사장은 매사가 헝클어졌는지 다급하게 공주에 있는 부친의 산소를 봐 달라고 청했다. 청룡에 걸터앉은 차손(둘째 아들) 발복지인 데다가 왼쪽 골짜기로부터 을진풍(동남풍)이 들이닥치는 간좌인지라 샛바람에 게 눈 감추듯 한다는 바로 그 형상이었다. 갑을방(왼쪽)에 목의 기운이 간좌 방향 흙의 기운을 파헤쳐 오니 나무뿌리가 눈을 멀게 하는 형국이요, 국세는 좋으나 정혈에서 비껴나 빠른 발복이 있지만 오래 지속되지 못하는 선부후빈先富後貧의 자리였다.

간좌는 막내아들의 방향이고 자라나는 새싹을 뜻한다. 그 자리에 석물을 잔뜩 올려 놓았다. 어린아이에게 칼을 쥐어 주면 아이가 다치기 십상이다. 이와 같이 간좌에 석물을 올리면 후손들이 다치고 상하기 쉽다. 효심이 동기가 되어 올린 석물이지만 산소에서 멀리 떨어지게 재배치를 하고 모친의 산소 터를 새로 잡았다.

아우내중학교 터도 본인의 의지대로 살릴 생각으로 평소 알고 지내던 국회 한옥자문위원인 권 이사장을 소개해 투자하도록 하고 공동사업으로 추진하는 방안을 모색했다. 권 이사장은 노모를 모시는 중이니 묘터가 필요했고, 경험이 많고 노련한 늙은 용이 물을 뿜어대는 형상인 노룡천수老龍淺水 격인 아우내중학교 뒤뜰에 모친의 산소를 모시는 것으로 가닥을 잡았다.

권 이사장이 큰돈을 투자하기로 했던 한옥마을 사업은 사업성이 불투명하다는 점 때문에 무산되었고 결국에는 운동장을 임대해서 사용하던 후배가 터를 인수하는 것으로 정리되었다. 터를 소유한 사람보다 터를 사용하는 사람이 결국은 주인이 되어 터의 복록을 누린 경우다.

병천을 드나든 것이 계기가 되어 인근에 있는 어사 박문수의 묘를 둘러보게 되었다. 천안부사를 지낸 박문수는 청백리로 소문났지만 풍수발복에 대한 염원은 대단했던 것 같았다. 성거산의 끝자락 산등성이에 자리 잡은 장군대좌형으로 알려진 박문수의 묘는 집안의 제실이 있는 산자락으로부터 산길을 1.8㎞나 더 올라간 산 중의 능선에 자리 잡았다.

산소의 앞은 장관이었으나 앉은 자리가 지나가는 용이 흘러내린 산기슭에 불과했다. 장군대좌임에도 불구하고 병사들이 없어서 인위적으로 5일장인 아우내장터를 만들어서 사람이 모이게 했다는 비보풍수裨補風水의 내용도 전해진다.

## 소쿠리 같은 집터

경남 밀양시 부북면에 있는 위양지位良池는 이 지역의 안동 권 씨 문중에서 관리하는 오래된 저수지다. 들판을 양쪽으로 막아선 산세가 위양지의 못둑으로 연결된다. 위양지에는 다섯 개의 작은 섬이 있고, 그중에 다리로 연결된 섬에는 완재정宛在亭이 들어서 있다.

섬인데도 정자 마당의 흙은 물기가 없이 칼칼했다. 흙을 쌓아 조성한 것이 아니라 원래 있었던 작은 봉우리에 둑을 막아 물을 채운 것으로 보였다. 신라 시대 때 축조된 것으로 추정되는 못둑의 상당 부분은 원래 산줄기였고 수구 쪽으로 일부만 둑을 쌓아 가로막은 것으로 보였다. 이 작은 못둑이 안쪽의 화사하고 밝은 영역과 바깥을 완연하게 구분 지었다.

안동 권 씨 문중의 제실祭室로 올라서면 철마산에서 뻗어 나간 산줄기가 양쪽으로 아주 가깝게 둘러선다. 그런 가운데 들판이 펼쳐져서 보

위양지를 앞에 둔 소쿠리 터의 주산이 백호 쪽으로 방향을 틀어 정갈한 모습으로 내려앉았다.

기에도 편안하다. 멀리 종남산이 안산으로 보이고, 그 앞에 둥근 모양의 토채가 정갈하게 앉아 있고, 과거 급제를 주관하는 장원봉이 동남향에 솟아 있다. 모든 것이 잘 갖춰진 세거지임에 어긋남이 하나도 없었다. 위양지에서 〈스캔들〉이라는 영화를 찍고 이웃 동네인 월산리에 연극촌이 들어서면서 이 동네가 붐비기 시작했다. 그 이전에는 막다른 골짜기 마을이어서 편안하고 한적한 곳이었다.

10년 전에 안동 권 씨 제실 아래 산줄기를 타고 앉은 작은 집터를 잡아 준 것이 밀양농협에 근무하던 김연화 전무와의 첫 인연이었다. 야트막한 언덕에 자리 잡은 그 50평 집터는 이 동네의 좋은 입지를 고스란히 품은 소담한 소쿠리 모양의 터였다.

김 전무는 또한 밀양 시내에 터를 얻고 싶어 했다. 밀양시 구도심은 옥교산 자락이 동남으로 내려앉은 즈음에 자리 잡았다. 밀양향교 아래 밀양 손 씨 세거지가 옥교산의 흐름을 등에 진 좋은 터였다. 몇 년에 걸쳐 노력한 끝에 김 전무는 그 인근 정혈에 아주 정갈한 터를 얻었다. 지금은 3필지 400여 평에 집을 짓는 계획을 세우는 중이다. 3필지 중 한 곳은 300년 된 손 씨 문중의 고택이 있었던 자리다.

토지를 사들이고 잔금을 치르기로 한 전날 밤에 김 전무가 꿈에서, 아주 큰 지네가 터에 있는 구멍 속으로 들어가는 것을 보았다고 알려 왔다. 그 후 집을 짓기 위해 좌향을 잡아 정확한 혈처를 찾는 재혈裁穴 작업을 한 날에 김 전무의 맏딸이 사람 허벅지만 한 굵은 지네가 그 터에서 기어 다니는 꿈을 꾸었다고 했다. 지네를 뜻하는 오공蜈蚣형으로 자손이 번성하고 재물이 풍족해지는 터다.

옥교산은 옥녀가 가마를 타고 가는 형국이다. 옥교산 끝자락에 추화산이 있고 그 모습은 비녀를 던져 놓은 것과 같다. 추화산 자락에는 아랑각과 영남루가 자리 잡았다. 부북면 위양리 청룡자락에는 빗 모양처럼 생긴 반듯한 봉우리가 돋보인다. 옥교산 남쪽 아래 춘화리라는 동네 이름이 그렇거니와 밀양 전체를 여성의 기운이 강한 옥녀단장玉女丹粧, 즉 여자가 회장대 앞에 앉아 꾸미는 형세로 보는 것이다.

# 흰 사슴의 촉촉한 콧잔등

앞에서 잠깐 언급한 영덕 칠보산은 삼성 이건희 회장이 땅을 사들이면서 유명해진 곳이다. 처음에는 수목원을 하겠다고 했으나 지금은 임직원연수원을 짓는 것으로 알려졌다. '범흥'이라는 옛 마을이 있던 자리를 몽땅 사들이고 경계 내 묘지를 이장시켜서 이 회장이 들어갈 묘터로 구입한 것이 아니냐는 소문이 돌기도 했다.

칠보산의 이름을 해석할 때 글자 그대로 7개의 보물로 보는 것은 와전된 것이다. 숫자 7은 서쪽을 뜻하는 유방酉方 혹은 태방兌方과 상통하고 금金의 방향이기도 하다. 여기서는 7 자체를 보배로 보고 칠보산이라고 부른 것이라 본다. 7은 막내딸의 방향이기도 하다. 범흥이라는 동네 이름은 아무나 흥청거리거나 흥한다는 것인데, 아무나 우쭐대는 모습을 떠올리게 한다. 범흥이 칠보산이라는 이름과 어울리면 어린 막내딸이 나풀거리면서 흥청대는 모습을 연상하게 만든다.

최근에는 삼성이 임직원연수원을 짓겠다던 계획을, 그룹 전체가 이용할 수 있는 대규모의 힐링 시설을 추가하는 것으로 확대했다는 얘기가 돌았다. 아무나 흥겹게 즐기는 것을 뜻하는 범흥이라는 동네 이름을 따라가는 것처럼 보여 참으로 신기하다는 생각이 들었다.

칠보산에 물려 있는 병곡柄谷이라는 명칭은 백록지라는 못이 있는 골짜기의 모양과 무관하지 않다. 골짜기 모양이 큰 병 모양으로 생겼고, 병목에 해당하는 자루 모양이 뚜렷하게 보인다. 병곡의 물이 빠져나가는 자리에는 마침 작은 저수지가 있어서, 물이 빠져나가는 곳에 작은 연못이 있으면 '수구소지水口小池면 현처득賢妻得', 즉 어진 며느리가 들어와서 집안을 일으킨다는 풍수술어를 떠올리게 만든다. 백록白鹿이라는 지명에서 흰색은 역시 서쪽을 상징하는 색이다.

칠보산 영리 쪽 아랫범흥(논범흥)에는 소가 풀더미를 바라보는 형국인 행우망초行牛望草형 지세가 있는데 뿔의 모양으로 보건대 흰 사슴이 풀더미를 쳐다보는 형국이라고도 할 수 있다. 풀더미를 향해 고개를 돌린 흰 사슴의 촉촉한 콧잔등에 터가 있어 눈여겨보아 두었다.

이 터는 나의 오랜 지인이자 대한철학회 초대 회장을 지냈던 하기락 박사가 차지했다. 하 박사의 아들 중에서 평소 알고 지내던 한 분이 고향인 경북 함양군 안의면에 묻힌 부친 산소의 이장을 도모하면서 터를 찾아 달라고 마침 때맞춰 부탁을 해 왔기 때문이다.

칠보산의 재주와 기운은 남쪽으로 뻗어 내려 영덕군 창수면 인량리까지 닿는다. 이 산자락에는 8개 종가의 종택이 들어설 만큼 좋은 터들이

칠보산의 이 터는 풀더미를 마주하고 편안하게 앉은 흰 사슴의 촉촉한 코에 해당되는 자리다.

많다. 무안 박 씨, 안동 권 씨, 재령 이 씨 등 쟁쟁한 집안의 종택이 한 동네에 몰려 있는 이런 경우도 드물다.

이 지역의 동네들은 북쪽 기운을 등지고 남향으로 잘 앉았다. 특히 물이 빠져나가는 파구破口는 보이지 않는 것이 좋다는 점이 잘 안배된 지형이다. 인량리 전체를 자궁의 형상으로 보면 이 지역은 생산성이 좋아 자손들이 번성할 지리를 갖춘 곳이다.

# 당산나무가 지켜 온 터

광고업을 하는 김재록 사장의 고향인 청도군 청도읍 운산리는 용각산의 왼쪽 뒷자락이다. 그는 이 지역에서 대대로 살아온 김해 김 씨 경파 집안이었지만, 할아버지가 세상을 뜬 후로 가세가 기울기 시작해 아버지도 일찍 돌아가시고, 형도 이혼을 하고 보증을 잘못 서는 바람에 조상들로부터 물려받은 논밭은 물론이고 집까지 모두 날렸다. 이런 와중에 100세를 바라보는 할머니와 70세가 넘은 어머님의 살 곳이 없어졌다. 둘째 아들인 김 사장이 나서서 청도읍에 우선 작은 집을 하나 구해서 급한 대로 두 노인네를 모셨다.

고향 사람이라 나와 인연이 닿아 만났더니, 김 사장은 대대로 살아온 고향으로 다시 돌아가고 싶으니 산도 봐주고 집터도 구해 달라는 부탁을 했다. 우선 산소를 둘러보니 증조부 산소가 그나마 볼 만하고 할아버지와 아버지 산소에는 다소 문제가 있었다. 산소 주변에 돌이 많았다. 땅

거북이가 물을 마시러 실개천에 들어서는 형국으로 거북 등에 마을이 올라앉은 것처럼 보인다.
사진 맨 앞에 보이는 집이 내가 잡아준 터다.

속에 묻힌 바위가 청룡으로 감아 들이는 터에서 청룡 바깥 자락에 증조모 산소가 있었다. 그러다 보니 후손들이 엎치락뒤치락하는 거친 삶을 살게 된 모양이었다.

산의 소유권이 넘어가서 당장 이장마저 쉽지 않은 상황이라 집터부터 먼저 잡아야 할 판이었다. 동네 어귀에 들어서는데 작고 초라하지만 대단한 기운을 품은 터가 눈에 들어왔다. 김 사장이 망연자실한 가운데 반신반의하는 눈치여서 자세히 설명을 해 줬다.

그 터는 동네가 끝난 언덕 밑자리, 즉 언덕 기슭이고 터의 앞쪽에는 조그만 실개천이 흐르고, 그 앞에는 수백 년 묵은 느티나무가 동네 당산나무로 버티고 섰다. 얼핏 보기엔 괴기가 철철 넘쳐흐르는 땅이어서 누구도 쉽게 접근하기 어려운 지경이었다. 3년을 허송세월한 끝에 바로 그 터만 사서 집이라도 짓기로 결정했다. 인근에 땅을 좀 더 사서 넣을 생각이었지만 경주 최 씨 종중 땅이라 살 수가 없었다.

좁은 터에 집을 짓기 위해 기초를 놓고 나니 여러 가지 일들이 벌어졌다. 우선 군에서 농어촌주거개선사업의 일환으로 마을 입구의 도로 확장사업을 시작했다. 경주 최 씨 문중 땅이 도로로 편입되고 당산나무가 도로에 걸려 제거되었다. 도로를 확장하면서 좁은 땅이나마 도로와 접하는 면적이 넓어지니 훨씬 보기가 좋아졌다. 앞이 열리니 터가 인물을 내기 시작했다. 금거북이가 물을 마시러 실개천에 들어서는 형국으로 거북이 등에 마을이 올라앉은 것처럼 보였다.

집을 짓고 이사를 하니 좋은 일들이 더 많이 벌어졌다. 마을 입구에 자리 잡은 집 마당에 할머니가 나앉으면 지나가던 동네 사람들이 꼬박꼬박 인사를 올렸다. 살던 동네로 돌아온 100세 할머니는 동네 사람들로부터 살갑게 인사를 받는 것을 아주 즐거워했다. 할머니는 노인성 백내장으로 거의 시력을 잃은 상태였다. 이사를 온 후 얼마 지나지 않아 보건소에서 눈 검

도로 확장공사를 하기 전 터의 모습으로,
사진 왼편에 차가 있는 곳에 당산나무가 서 있다.

왼쪽에서 돌아 들어온 다음에 바위로 올라서서 결인된 석중토혈의 큰 터이다.
여기 땅 속에 박힌 바위들을 청룡으로 삼아 산소를 재배치했다.

사를 해서 수술이 가능한지 가늠하더니, 할머니가 드디어 백내장 수술을 받게 되었다. 눈이 열려 몇십 년을 보지 못하고 지냈던 손자들의 얼굴을 직접 들여다볼 수 있게 된 것이다.

이런 일이 알려지면서 군청에서 효자상을 수여하는 경사가 벌어졌다. 뿐만 아니라 지지부진하던 김 사장의 사업도 불같이 일어났다. 이혼했던 형도 다시 가정을 이루고, 경찰로 근무하던 조카는 청와대로 파견 근무를 나갔다.

이런 좋은 일을 다 겪은 할머니는 104세로 세상을 떴다. 조모의 산소 자리를 잡으면서 묘지를 새로 조성하다시피 했다. 증조부모 산소가 있는 주변 땅 300평 정도를 사들여 새로 터를 잡았다. 동네 뒷산의 길가에 자리 잡은 터는 땅속에 박힌 바위가 겹겹이 둘러선 곳이다. 바위를 청룡 삼아서 바위 바깥쪽에 있던 산소를 안쪽으로 재배치했다. 증조부모와 조부모 산소를 한자리에 나란히 모신 것이다.

# 복숭아처럼 봉곳하게 생긴 묘터

청도 사람인 김 사장과의 인연을 따라 장현기라는 사람이 찾아왔다. 대구은행에 다니다가 대동은행으로 자리를 옮겼는데 은행이 문을 닫는 바람에 실직했다고 했다. 농사를 짓던 부친이 위독하다면서 산소로 쓰기 위해 사놓은 밭을 봐주길 청했다.

터를 보고 나니 영 아니어서 솔직하게 장손이 3년 안에 망하게 생겼다고 알려 줬다. 새로 터를 구해 달라고 해서 급히 인근을 알아보던 중에 청도군의 남산인 화악산 자락에 청도교육청이 관리하던 땅이 공매로 나온 것을 알게 되었다. 마침 장 씨 집성촌이 가까이 있었고, 향교 소유로 산등성이 끝이 복숭아처럼 동그스름하게 생겼다. 마을의 속명도 도홍마을이었다.

2,000여 평을 사는 데 경쟁이 붙는 것을 보고 감정가 3,000만 원인 땅에 7,000만 원을 써 넣어 낙찰을 받았다. 온 신경이 집중된 가운데 땅

화악산에서 북향인 홍도마을 쪽으로 내려서는
산줄기 끝 부분에 복숭아 모습의 혈이 맺혀 있다.

을 샀고, 낙찰이 된 그날 밤에 나는 이상한 꿈을 꾸었다. 자두나무가 산 한가운데 버티고 섰는데 그 나무에 어마어마하게 큰 자두가 열렸다. 동네 사람들이 구경을 하는데 어떤 사람이 성큼성큼 다가와서는 그 자두가 달린 가지 하나를 톱으로 싹둑 잘라 둘러메고 가는 것이었다. 다들 말도 한마디 못하고 물끄러미 쳐다보고만 있었다.

나중에 들은 이야기인데, 장 선생이 돈이 모자라서 매제에게 금액의 절반을 보태 달라고 요청해서 낙찰을 받았다고 했다. 결국 꿈에서 나무를 댕강 잘라 가지고 간 사람이 바로 장 선생의 매제였던 셈이다.

터를 정한 뒤에, 곧 돌아가신다던 장 선생의 부친은 병이 씻은 듯이 나아 말짱해졌다고 한다. 그 후로 10년이 지난 지금껏 돌아가셨다는 소식이 없다. 좋은 땅을 차지한 일이 장 선생 부친의 명줄을 새로 튼튼하게 이은 모양이었다.

# 꿈속에 큰 소나무

청도군 청도읍 내리 김해 김 씨 삼현파 집안사람의 소개로 밀양시 청도면에 세거하는 청도 김 씨 집안일을 봐준 일이 있었다. 대기업 조선소에 다니던 집안사람이 부친상을 당했다고 해서 급히 터를 보러 간 것이다. 집 건너편에 있는 선산에 자리를 잡아 보겠다고 풍수를 불렀더니 더는 들일 자리가 없다고 해서 달리 어떻게 할 방도가 없는지 알아보겠다고 나를 부른 것이었다.

터에 가서 보니 정남향으로 바라보는 임좌 방향으로 조부모 산소를 모셔서 후손들이 재주가 많겠거니 했다. 산이 오른쪽에서 감아 들어오고, 물이 왼쪽에서 들어오고, 서남으로 가다가 휘돌아서 동남쪽으로 가는 용이었다. 조부모 산소의 우측 어깨를 타고 뻗어 나간 끄트머리에 혈이 맺혔다. 혈 앞에는 산에 나무를 하러 다니던 오솔길이 있었다. 길을 없애고 산소를 쓸 만했다.

원래 길이 있던 곳에 잡은 터라서 길을 돌려서 새로 내고 산소를 들어앉혔다.

상주에게 상황을 설명했다. 사람들이 터가 없다 했고, 이곳에 산소를 쓰면 괴혈怪穴, 즉 풍수에 대한 일반적 안목으로 잘 분별할 수 없지만 매우 이치에 적합하게 형성된 큰 터라고 일러 주었다. 상주가 내 의견을 받아들여서 오솔길 위에 동남향을 바라보는 건좌손방으로 산소를 앉히기로 하고, 길은 다른 쪽으로 내기로 했다. 갑방甲方으로 물을 얻어서 정방丁方으로 빠져나가는 형국이었다.

그 터는 얼핏 보기에 보잘것없어 보였다. 말하자면 길 위에 묘를 앉혀야 하는 상황이었다. 그런데도 상주는 집안사람의 소개로 처음 만난 풍수를 믿고, 그 의견을 100% 받아들였던 것이다. 소롯길(사람이 적게 다니는 작은 길)이었지만 길 위에 묘를 들어앉히고 새로 길을 내어 보완해야 했다. 결국 풍수를 믿고 일을 맡겨서 스스로 복을 지은 경우에 해당된다.

그렇게 터를 정한 다음날 장례식에서 망자의 부인이 나를 불러 따로 얘기를 건넸다. 전날 밤에 꿈을 꾸었는데 묘터 위쪽에 아주 큰 소나무가 서 있는 것을 봤는데 이것이 무슨 뜻이냐고 물었다. 꿈속의 소나무는 좋은 징조이고, 특히 집보다 큰 소나무는 옛날로 치면 장원급제에 해당하는 것이라고 얘기해 주었다.

얼마 지나지 않아 조선소에서 퇴직했다던 그 집 아들이 그 회사의 사외이사로 선임되었다는 소식을 들었다. 요즘 같은 불황에 조선업 분야의 구조조정설이 난무하는 가운데, 임원으로 근무하다가 퇴직한 아들이 사외이사로 새롭게 올라섰다면 이건 장원급제 못지않다는 생각이 들었다.

# 처남이 데리고 온 풍수

도선국사 답산부의 마지막 구절은 이렇게 끝을 맺는다.

"하늘이 내린 큰 터는 복인이 스스로 찾아간다天藏之秘大吉地 福人自然逢吉地."

평소 알고 지내던 후배인 이홍우가 자기 누나가 상을 당했다고 연락해 왔다. 차를 타고 경북 의성군 단밀면 위중리를 향해 내성천을 거슬러 가는 중에 북향으로 들판을 가로질러 나지막하게 밀고 올라가는 산이 내 눈에 들어왔다.

경험으로 미뤄 보건대, 북향대지北向大地로 이런 형국에서 북으로 강을 밀고 올라가면 큰 터가 있을 것 같은 예감이 들었다. 어딘가 하고 눈대중으로 산줄기를 짚어 나가는데 지척지간咫尺之間에 용의 등이 보이고 웅장한 뒤태가 눈에 들어왔다. 시간이 나면 저것을 한번 더듬어 보고 가야지 생각하고, 미리 받은 주소를 따라 마을로 찾아 들어갔다.

고령 신 씨 선산에 마련한 석중토혈.
묘 뒤쪽 좌측(사진상 앞쪽)에 놓인 자연석은
산신제를 지내기에 제격이다.

마침 찾아간 마을은 아까 봤던 산의 배 부분에 다닥다닥 붙어 있었다. 오늘 봐야 할 곳이 그 용이 웅크린 산 바로 아래였던 것이다. 용은 동북으로 달리고 이에 의지해 마을이 형성되었으니, 마을은 서북을 등진 동남향으로 자리를 잡았다. 그곳은 고령 신 씨들이 400년간 살아온 세거지로 마을 뒷산이 그대로 선산이었다.

더 윗대는 단북면에 있는 선산에 모셨는데 마을 뒷산인 이곳에 터가 있으면 찾아 달라는 부탁이었다. 산에 올라 살펴보니 모든 산소는 마을의 형성과 같이 동북으로 향하는 용의 몸통 언저리에 동남향으로 앉아 있었다. 마치 용의 옆구리에 매달린 형국이었다. 더 위에 좋은 터가 있을 텐데 왜 옆구리에다 산소를 썼을까 하는 궁금증이 생겼다.

상주를 앞세워 능선에 올라섰다. 산줄기가 강을 밀어 올리는 형국인데, 누가 보아도 청룡 방향이 허전해서 서북풍이 그대로 들락날락하는 것처럼 보였다. 거기다가 능선을 따라 울퉁불퉁한 바위들이 늘어섰다. 더 높이 올라서니 조짐이 보이기 시작했다. 거대한 전순, 즉 혓바닥 모양의 땅이 바위로 형성되어 내성천 강가까지 기운차게 뻗어 있었고, 그 위로 올라서니 청룡백호를 논할 것 없이 거대한 용 한 마리가 그 넓은 안계들과 비봉산을 마주 보면서 웅크린 것이 눈에 들어왔다.

시치미를 뚝 떼고 상주에게 어디까지가 당신네들 산이냐고 물었다. 결인도 보고 용을 올려 세운 만두(주산)도 확인했다. 빠짐없이 완벽한 봉춤다리(스승인 스님과 나만의 용어)가 엄청나게 큰 터를 안고 있었다. 현무가 뚜렷이 만들어지고 물이 양쪽으로 갈라지는 결인이 시작되고, 혈처에서 보면 청룡백호가 없는 듯이 보이나 미세한 청룡백호가 태극훈太極暈, 즉 혈 주변에 기운이 동심원으로 모여드는 증표들처럼 대여섯 겹으로 양쪽으로 밀고 들어가는 형국이었다. 혈처 직전에는 뚜렷한 결인이 있고, 바로 산신제를 지낼 장소로 맞춤한 위치에는 커다란 반석이 올라앉았다. 거기서부터 확 펼쳐져 바위 가운데 들어앉은 터인 석중토혈石中土穴이 만들어졌다.

터를 모르는 상주는 영문도 모르고 처남이 데리고 온 나를 믿고 고개만 끄덕였다. 머리만 긁적이다가 말씀하신 대로 하시라고 하고는 물러선다. 신기한 것은 바위 틈새에 산소를 쓰라고 권했는데 아무런 이의가 없이 그대로 하라는 것이었다. 필요한 비용도 얘기하는 대로 바로 내놓았다.

풍수가 아무리 터가 좋다 우겨도 아무도 동의하지 않으면 의미가 없다. 특히 상주가 풍수를 어떻게 대하느냐는 매우 중요한 문제다. 이는 마치 한 손바닥을 내밀어서 박수를 치고 싶은데 아무도 손을 내밀어 주지 않는 것과 같다. 터를 모르는 상주는 꾸벅꾸벅 손을 내밀어 박수를 쳐 준 셈이다.

장례 당일에 작업을 하는데 굴착기가 주변 나무를 정리하고 나니, 내

봉분을 올려 세우니 반듯한 터가 더욱 돋보였다.
사진은 풍수마루 회원들이 답산을 갔을 때 모습이다.

눈에 웅장하고 화려한 터가 모습을 드러냈다.

'천광하림 지덕상재天光下臨 地德上載'. 하늘의 빛이 내리비치고 땅의 후덕함이 드러난다고 했다. 나는 하늘과 땅의 기운이 딱 맞아떨어지는 웅장한 터의 장래성에 대한 꿈에 부풀었는데 잡음이 일기 시작했다. 흙이 안 보이고 커다란 바위만 뚜렷하게 드러나니 모두가 걱정이 대단했다.

나이 든 마을 이장은 산에 올라와 노골적으로 걱정을 나타냈다. 바위에 묘를 앉히게 생겼다고 했다. 어릴 때부터 수없이 오르내린 뒷동산이라 손바닥 들여다보듯 훤하게 꿰고 있는데 웬 낯선 사람이 와서 저러고 있으니 걱정이 되기도 했을 것이다.

자리를 잡고 표토를 긁어냈다. 땅의 모습이 주변과 다르게 관 하나가 들어갈 만큼의 길이 3m, 폭 1.5m 정도의 여유가 나왔다. 밝고 뽀송뽀송

한 토질이 주변 흙과 분명히 구분되었다. 작업을 지켜보던 동네 사람들의 분위기가 달라졌다. 봉분을 올려 세우니 반듯한 터가 더욱 돋보였다.

동네가 자리를 잡은 후에 수많은 풍수가 다녀갔을 텐데 이 자리를 찾지 못했던 것일까. 멀리서 보면 터가 있을 거 같은데 막상 현장에 가면 터가 없는 경우였을 것이다. 이래서 '망인이 복이 없어 터가 안 나타난다'는 말이 있는 모양이다.

# 지극히 바라던 바로 그 터

후배 이홍우의 부친은 예천의 시장에서 보일러 대리점을 했다. 주변의 칭송이 자자한 보증수표였다. 후배는 내게 자주 부친의 묘터를 구해야 한다고 상기시켰다.

내가 늘 관심을 가지고 있던 차에 후배의 부친이 암수술을 하고 나서 돌아가시기 6개월 전쯤 고향 동네에 경매 물건이 나왔다. 3만 평 종중산의 절반이 경매로 나온 것이다. 연락을 받고 급히 산을 보러 갔다.

고향 동네인 예천군 유천면 광전리 집에서 바라다 보이는 앞산이었다. 예천비행장을 안산으로 맞이하는 서남향 터였다. 올라가서 땅을 둘러보니 결인해 내려앉은 줄기를 따라 터가 두 군데에 보였다. 한쪽에는 아버지, 다른 쪽에는 어머니를 모실 요량으로 입찰하기로 했다.

땅을 산 후에 후배가 병원에 계신 부친에게 이러저러한 터를 구했다고 했더니, 아주 흡족해 하면서 당장 가 보자고 했단다. 아들을 앞세워

산역을 마무리하고 잔을 올리는 상주의 모습.
산자락에 바짝 올라붙은, 매달린 종 모양의 현종형으로 터의 형세가 긴박하다.

터를 보고는 당신이 그 산에 묻힐 줄은 언감생심 꿈에도 생각지 못했다고 하셨단다. 같은 마을에 사는 다른 이 씨네 선산이었기 때문이라고 했다.

예천읍 지내리에서 흑응산黑鷹山으로 진행하던 중에서 지네가 발을 내밀듯 한 줄기가 튀어나와 종의 추처럼 달랑 매달린 서남향의 터였다. 숲에 가려져 보이지 않던 짧은 산줄기에 올라앉은 터였다. 나무를 쳐 내고 가파른 터에 산소를 조성하고 나니 진행하다가 비켜서 들어선 산줄기인 횡용입수横龍入首가 뚜렷하게 보이는 누구나 탐낼 만한 그런 자리였다. 여기서 입수入首는 혈 가까이에 맺어지는 결인을 뜻한다. 좋은 터에 부친을 모신 후배가 얼마나 정성스레 산소를 가꾸었는지 멀리 산 아래서도 산소가 훤하게 보일 정도로 주변을 깔끔하게 정리하고 잔디를 다듬어 주변의 부러움을 샀다.

말이 하늘로 날아오르는 형상의 터에 가묘를 조성한 후, 부친의 병이 크게 호전되었다는 얘기가 들려 왔다.

종합상사를 운영하는 김 사장이 큰 수술을 앞둔 부친을 위해 미리 묘터를 마련하고자 했다. 좋은 터를 마련해 두면 부친이 병마를 이겨 내는 데 조금이라도 도움이 될까 하는 안타까운 마음에서였다.

지극한 마음이 놀라워 평소에 봐 두었던 터를 권했다. 경북 성주군 용암면 마월리에 의봉산을 바라보는 천마등공天馬騰空의 터는 말이 하늘로 날아오르는 듯한 형상이다. 실제로 땅을 사들여 터를 잡아 가묘를 앉혔다. 김 사장은 이 사실을 부친에게도 알린 후 수술을 하게 했다. 그 터의 기운 덕인지 부친의 수술이 잘돼 건강을 회복할 수 있었다. 부친 건강이 완전히 회복되어 건재한지 아직껏 내게는 아무런 연락이 없다.

# 편안한 평지룡

건축설계사무소를 운영하는 장기웅 박사는 풍수에 조예가 깊은 사람이었다. 또한 올곧은 성품으로 명망이 높았으며, 동양철학 전공으로 박사 학위를 받았고 등단한 시인이기도 했다. 오랫동안 준비한 끝에 고향에 터를 마련하겠다고 나를 불렀다.

고향인 예천에 대대로 물려받은 땅 중에서 터를 찾아 달라고 했다. 평지에 가까운 언덕에 터를 찾아 자신과 부인을 위한 신후지지身後之地, 즉 죽은 후 몸이 묻힐 자리를 미리 마련했다. 평지에 만들어진 터는 용이 순하고 토심이 깊어 돌아가신 분의 유골이 편안하기 마련이다. 게다가 평지 터는 큰 터이다. 전형적인 고분군이 대부분 평지에 자리 잡은 것도 그런 연유다. 터가 편안하니 후손들이 별다른 고생 없이 복록을 누리기 마련이다.

멀리 큰 산에 근본을 두고, 용이 진행하는 과정에서 바위와 같이 억센 모습으로 혹은 뒤틀면서 여러 가지 기운을 털어 낸다는 것이다. 박환剝換, 즉 변화의 과정을 겪으면서 또 한편으로는 지거을자之去乙字로 구불구불 가기도 하고, 용이 서쪽으로 갔다가 동쪽으로 갔다가 흔들고 가면서, 진행하는 방향마다 부딪히는 기운을 머금어 안고 다른 방향으로 꺾인다. 당구로 말하자면 마치 공이 쓰리쿠션을 먹으면서 제자리를 찾아가듯 산기운이 다듬어진다는 것이다. 산이 진행하면서 공부를 한다는 얘기까지 할 정도다. 우여곡절을 겪으면서 진행한 용은 결국 근본을 잃지 않고 끝에서 자기가 출발한 바로 그 산의 방향을 일직선상으로 등 쪽에 두고 혈을 맺는다. 평지룡은 그런 과정을 거친 귀한 용이라는 것이다.

큰 틀에서 보면, 평지에 나가 만들어진 용은 제왕의 기운을 돕기 위해 혹은 제왕의 부림을 당하는 존재가 되기 위해 만들어진다고 보는 것이다. 산에서 내려서서 들판을 가로질러 먼 길을 달려온 평지룡은 보기보다 웅혼한 힘을 머금었을 뿐만 아니라 나름대로 큰 의미를 안고 있는 경우가 많다.

장 박사의 조부인 장윤덕張胤德 의사는 조선 말에 의병장으로 이름을 떨친 분이었다. 장 의사는 1907년 6월에 격문을 돌려 300여 명의 의병을 모아 풍기, 봉화, 문경, 용궁, 예천 일대에서 일본군을 물리쳤다. 그러다 상주에서 전투 중에 부상을 입고 체포되어 갖은 고문을 당한 끝에 함창읍 구향리 언덕에서 총살당하니 당시 35세였다. 장 의사의 의로운 행적과 결기를 높이 평가한 박정희 전 대통령이 대구 경북대 교정에 기념비를 세우고 친필 휘호를 남겼다.

일본군은 당시 장 의사의 선산인 예천군 보문면 수계동 141 일대마저 빼앗아 인근 사찰에 넘겨 버렸다. 그곳은 장 의사의 부모 산소도 함께 있는 선산이었다. 장 박사는 의병장인 조부의 산소가 있는 선산을 되찾는 노력을 포기하지 않았으나, 광복 70년이 지난 지금까지도 법으로나 정책적으로나 정부의 도움을 전혀 받지 못하고 있다고 했다.

정부로서야 사소한 문제일 수도 있겠지만 이런 일들이야말로 반드시 바로 잡아야 한다는 생각이 절실했다. 사람의 운명을 간섭하는 풍수의 일을 전업으로 삼고 있지만 이런 일에는 나로서도 속수무책인 것이 안타까웠다.

## 용이 날아오르는 땅,
## 비룡상천

정윤식 씨는 외가에서 외삼촌들과 함께 자랐다. 부친이 젊어서 일본으로 건너간 후에 모친이 친정살이를 했기 때문이다. 부친은 딸 하나를 낳은 후에 일본으로 건너가 큰 사업을 일으켰다. 도쿄엑스포가 열렸을 때 아버지는 어머니를 일본으로 불러 관광을 시켜 주었고, 그 후에 얻은 자식이 정윤식 씨다.

일본에서 딴살림을 차린 아버지였지만 돌아가신 후에는 고향에 묻히고 싶어 했다. 특히 어머니가 아버지를 모시고자 해서 고향인 경남 합천군 가야면 대정리 선산에 터를 잡아 모셨다. 같은 동네에 사는 일가의 소개로 내게 부친의 산소를 봐줬으면 하는 기별이 왔다.

가서 보니 아버지의 산소가 허국에 들어앉아 있었다. 석물을 야단스럽게 올렸으나 터가 안 되는 곳에 모신 탓에 보기에 참담했다. 어머니를 모시기에 선산이 부족하다고 생각한 정 씨가 외가 동네 주변에 사 놓은

혈자리를 파내자 단단한 바위와 같은 토질 속에 관 크기에 맞춘 듯이 부드러운 흙이 나타났다.
사진은 회다짐을 해서 매장 준비를 마무리한 모습이다.

비룡상천 형국의 큰 터. 백호 선익이 망가져서 매우 아쉬움을 줬다.

산이 있다면서 터가 있는지 봐 달라고 요청해 왔다.

어머니가 정 씨의 외삼촌 명의로 사놓은 산은 친정인 경북 고령군 쌍림면 월막리 뒷산이었다. 가야산에서 출발한 산이 미숭산美崇山에서 올라섰다가 고령 쪽으로 달리다 반룡返龍의 형국으로 돌아앉는다. 이 지경에 용리라는 동네가 있고 천년 고찰인 반룡사盤龍寺가 자리 잡았다. 여기서 한 줄기가 남쪽으로 뻗어 내려가 서남향으로 틀어 앉은 산등성이에 큰 터가 하나 있었다.

그 터가 큰 터임을 내가 알려준 후 4년이 지났다. 모친상을 당했다고 정 씨에게서 연락이 왔다. 산에 올라가니 정 씨의 외삼촌들이 미리 산을 다듬는답시고 굴착기를 올려 작업을 해 놓았다. 나와 상의 없이 평탄화 작업을 하면서 땅의 몸에 붙은 오른쪽 날개 부분인 백호 선익蟬翼, 즉 혈처를 양 옆으로 펼친 부분을 많이 손상시키는 잘못을 저질렀다.

정확한 혈터를 찾기 위해 재혈을 해서 땅을 파고 천광, 즉 산소를 조성하기 위해 땅을 파내는 작업을 하니 그야말로 억센 돌이 감싼 혈토가 모습을 드러냈다. 마치 갑각류의 껍질 속에 든 속살 같은 혈토였다. 주변의 흙과는 전혀 다른 혈토가 관이 들어갈 만한 폭으로 오롯이 모습을 드러낸 것이다. 물형으로 치자면 비룡상천飛龍上天, 즉 용이 날아오르는 형상이 뚜렷했다.

범쟁이집 둘째 아들

땅속을 들여다보다

닭 장수에서 광고장이로

무진년에 맺어진 인연

가르쳐 주면 눈을 멀게 한다

산을 더듬어라

터에도 마음이 있다

꽃이 붉으면 물도 붉어진다

뒷발차기하는 용

방위의 기준점은 나 자신

초라한 2층 셋집

사선으로 낸 현관문

문장대의 관음성좌

광덕산 촛대봉

마음과 마음으로, 눈과 눈으로

달리는 차 안에서 본 터

사촌은 데리고 다니지 마라

고을군수가 염원

한 번의 개화로 모든 문제 해결

쌓인 재물이 문제

깃땅 안쪽의 절터

계란껍질 같은 터

# 2부

# 오감이 열리다

# 범쟁이집 둘째 아들

나는 김해 김 씨 삼현파 중 김대유 3형제의 막내인 김대아金大雅의 사파 종손 집안이다. '청도 삼현'으로 알려진 절효 김극일節孝 金克一, 김일손, 김대유 중 김일손의 형인 김준손이 낳은 3형제 중 막내아들이 내 조상인 셈이다. 청도군 용각산이 비슬산으로 가다가 홍두깨산에서 우측으로 내려앉은 나부산 자락에 종중 산소가 자리 잡았다.

내 증조부가 20대 약관에 돌아가시는 바람에 증조모는 먹고살 길이 달리 없어 어린 종손을 데리고 개가를 하고 말았다. 의붓아버지 밑에서 힘겹게 지내던 종손 할아버지는 마을의 권 씨 처녀와 결혼하면서 살림을 나갔다. 할머니가 스물여덟 되던 해에 할아버지가 또 갑자기 돌아가셨다. 청상과부가 된 할머니는 남편을 동네 공동묘지에 묻었다.

할아버지가 묻힌 청도군 각북면 지슬리에 석실石室이라는 골짜기에 자리 잡은 동네 공동묘지는 아주 좋은 터였다. 석실은 종자를 갈무리하는 곳이라는 뜻도 되고, 한대미라 불리기도 했다.

청도 선인산에서 용각산을 거쳐 비슬산으로 가던 중에 통점령이라는 고개로 올라서기 전에 갈라져 나온 산맥이 흘러내린 골짜기이다. 통점이라는 말은 풍수에서 달리던 용이 주변을 받쳐 주는 발이 없이 그대로 꺾어서 돌아선 힘이 실린 형국을 가리킨다.

이 산소의 특징은 옳은 산맥을 타지는 못했지만 주어진 국세 속에서 좌향을 반듯하게 놓아 청룡을 주산으로 삼은 것이다. 청룡을 주산으로 삼은 만큼 장손보다는 차손이 발복하는 터가 되어 할머니가 키운 큰아들은 가정을 이루자마자 요절했고, 둘째 아들은 4남 3녀, 7남매를 두었다. 그 둘째 아들이 내 아버지다.

아버지는 셈이 빨랐다. 산일을 할 때 특히 나무를 잘 봐서, 뿜으로 서 있는 나무의 치수를 재어 나무의 부피인 사이 수를 오차 없이 셈해 낼 만큼 능숙했다. 일찍이 사업에 눈을 뜬 아버지는 버드나무를 베어 성냥 공장이나 젓가락 공장에 파는 일을 했다.

아버지에게 재앙이 닥쳤다. 나무를 베던 중 윗마을 참봉 댁에 씨받이로 들어온 아낙네가 새참을 머리에 이고 들로 나섰다가 쓰러지는 나무에 깔려 머리를 심하게 다쳤다. 대구 동산병원에 입원해 수차례 수술을 받았지만 병고 끝에 죽고 말았다.

이 일로 할머니와 아버지가 애써서 이룬 '찐쌀 봉태기(소쿠리)' 같던 알찬 살림이 허망하게 무너졌다. 그때는 내가 아직 학교에도 다니기 전이었다.

아버지는 재기를 노리고 소 중개인을 하다가 때마침 동네 뒷산에서 멧돼지 덫에 앞발이 걸려 붙잡힌 호랑이를 사들여 전국으로 호랑이 고기를 팔러 다니기도 했다. 그래서 '범쟁이'라는 택호宅號를 얻기도 했다.

# 땅속을 들여다보다

범쟁이는 이후로 밤마다 산 중턱에서 백발노인을 만나는 꿈을 꾸었다. 꿈속의 노인은 범쟁이 아버지에게 받을 빚이 있다고 조르곤 했단다. 이때부터 혼자 산에 가기를 무서워하게 된 아버지는 어린 둘째 아들인 나와 나무를 하러 다녔다.

작은 나무지게를 지고 산에 오르면서 자연을 보는 눈이 생기게 된다. 어린 나이임에도 불구하고 민둥산에 한 뼘씩 올라선 서릿발을 보고는 그 밑으로 수맥이 흐르는 것을 알았고, 굽은 나무뿌리를 캐내면서 땅속 사정을 훤히 짐작했다. 곧게 선 나무 밑은 흙이 깊고, 빌빌 틀어진 나무 아래에는 바위가 들어앉았다는 것을 알게 된 것이다.

땅이 얕고 깊은 것을 알았고, 단단한 땅과 푸석푸석한 땅을 한눈에 구분하는 안목을 가질 수 있었다. 말하자면, 땅속을 들여다보는 눈을 가지게 된 것이었다. 그리고 팽이나 활을 만들어 놀 때에도 적합한 재료를 찾으면서도 서로 다른 재질들의 조화에 관심이 많았다.

콧물을 많이 흘리는 손자가 안쓰러웠던 나의 조모는 이웃 잔칫집에서 돼지를 잡을 때 돼지코를 얻어 손자의 목에 걸어 줬다. 손자는 그 돼지코를 군불에 구워 맛있게 먹어 버렸다.

영악한 둘째 손자였던 나는 어린 나이에도 생각이 많았다. 뜨락에 놓인 돌을 보고도 왜 이 돌이 무슨 인연으로 이곳에 놓였는지 등등 궁금하면 생각에 생각을 거듭했다. 나는 어린 시절을 그렇게 보냈다.

대구로 나와 야간 중학교에 다니면서 나는 바로 사회생활을 경험한다. 아이스케이크 장사를 시작한 것이다. 겨울에는 호떡 장사를 했다. 그 후 철공소에서 견습생으로 일하다 해고되자 연줄을 대어 대구은행에서 사환으로 일하기도 했다. 어린 나이에 당시 향촌동 술집을 출입했고, 뒷골목 아이들과 어울려 지내기도 했다. 합기도 도장에 다니면서 사귀었던, 일직 손 씨의 일족인 손인걸의 집에 드나들면서 준비 없는 살림에서는 내놓을 수 없는 음식들을 대접받으며 양반들의 제대로 된 음식 문화를 처음으로 경험하기도 했다.

# 닭 장수에서 광고장이로

나는 제대 후에 닭 장수인 매형에게 필요한 닭을 사다 주는 일을 시작했다. 나중에는 전국의 양계장에서 닭을 사 모아서 시장 소매상이나 중간 도매상에 내다 팔아 큰돈을 벌기도 했다.

1979년에는 부산 수영도계장에서 박정희 대통령이 시해되었다는 뉴스를 들었다. 이 사건 이후 나도 우여곡절을 겪었고, 생계를 위해 택시 운전을 했다. 8개 항목에 걸리는 횡단보도 교통사고로 6개월 금고형을 받고 나온 후에는 택시 운전을 그만두고 이번에는 답례품을 파는 사업을 시작했다.

사업을 확장하면서 나는 버스 노선 자동 안내기를 통한 상품 홍보 등 광고업에 손을 댔고, 1986년 아시안게임과 1988년 서울올림픽을 앞두고 옥외광고 시장에 진출했다. 매출이 오르고 사업이 상승세를 탈 즈음에 내 사업의 수익성에 욕심을 낸 사채업자에게 당좌를 견질로 돈을 빌린 것이 빌미가 되어 부도가 났다.

기소중지로 1년을 허송세월하던 끝에 다른 사람 이름으로 광고 회사를 동업하게 된다. 당시 청구주택과 코카콜라 등 대기업을 광고주로 잡고, 대구 반월당과 부산, 서울에 있는 빌딩 옥상의 옥외광고를 따냈다. 이즈음에 결혼도 하고 아들도 낳아 가정을 꾸렸다. 동업자의 변심으로 당시 현가 계산으로 5억 원을 정산받고 사업에서 물러났다. 달성군 가창면에 2만여 평의 땅을 사서 집사람 이름으로 집을 짓고, 처음으로 안정된 살림을 꾸렸다.

마음의 여유가 생기자, 평소 마음 한구석에 품었던 일들이 되살아났다. 수석과 난초를 수집하고 애견 사업에도 손을 댔다. 잘생긴 돌을 찾아 냇가를 헤매면서, 또 난초를 채취하러 숲속을 다니면서 산과 물길에 익숙해지고 마음도 편안해졌다. 특히 물과 모래로 연마되어 모양이 만들어지는 수석을 보면서 나도 마음을 가다듬어 내 자신의 공부를 해야 되지 않겠냐는 생각을 하게 된다. 공부하고 마음을 닦기 위해 절에 들어갈 생각을 하게 된 것이다.

어릴 때는 온 가족이 청도성당에 다녔다. 초등학교 4학년 때 동네 지슬공소에서 열심히 교리 공부를 하고 영세성사를 받았다. 둘째 누나가 죽고 나서 온 가족이 민간신앙에서 가톨릭으로 개종한 것이다. 내가 열일곱이 되던 해에 대봉성당을 다니던 가족은 아버지의 독실한 신심에 의지해 힘에 부치는 교무금을 책정하고는 살림이 어려워져 전전긍긍하고 있었다.

밀린 교무금을 내고 판공성사표를 받아 가라고 알리는 것까지는 그런대로 참을 만했는데 신도회에서 교무금 미납자 명단을 공개했다. 청년기의 과격한 성격을 지닌 내게 이 일은 성당 전체에 대한 배신감으로 다가왔다. 이때부터 냉담을 하고 점차 민속신앙으로 돌아섰다.

영적인 가족력에서도 어머니는 신 내림이 온 사람이었다. 신을 받으면 자손이 대를 이어야 하기 때문에 이를 물리쳤다. 다들 이로 인해 내 작은누님이 요절했다고 믿었다. 집안이 고통에 휩쓸리자 큰 신을 믿는다고 가톨릭으로 개종했는데 그마저 여의치 않아진 것이었다.

모친에게 왔던 신 내림은 모친의 사촌 여동생에게로 옮겨가 그 이모가 신 내림을 받았다. 이모는 나와 동갑내기였던 맏딸을 잃은 후에야 신을 받아들이고 지금은 비슬산 기슭에 절을 지어 운영한다. 이러한 연고 때문에 나는 자연스럽게 절에 들어가겠다는 생각을 하게 되었고, 절에 들어간다는 것은 나를 성찰하고 자연을 공부하러 간다는 뜻으로 받아들여졌다.

# 무진년에 맺어진 인연

1986년 나는 모 종교단체의 행사에 참석했다가 전생 체험을 하게 된다. 이 과정에서 요절한 내 할아버지에게 할머니 한 분이 더 계신 것을 알게 되었고, 어머니로부터도 비슷한 얘기를 듣게 된다. 이와 관련해 그 할머니의 천도제를 지내기 위해 친구의 소개로 절을 찾아갔다. 놀라운 것은 천도제를 지내기 위해 어느 스님을 만났는데, 이 스님이 조상 중에 할머니가 한 분 더 있다는 사실을 뽑아내는 것이었다.

천도제를 지낸 뒤에 얘기를 나누는 중에 그 스님은 숙명통宿命通, 즉 전생을 아는 능력을 가진 사람으로 풍수에 밝다고 스스로를 소개했다. 나는 스님에게 "지금까지 관념적으로는 풍수에 대해 알고 있다고 생각했으나 실질적으로 풍수를 제대로 배워 보고 싶다"고 했고, 스님은 "누구나 터를 얻지 못하면 근본이 튼튼해지지 않는다"는 말로 받았다. 무진년에 이렇게 맺어진 인연으로 나는 그 스님으로부터 풍수법을 전수

받게 된다.

마침 사업도 부도가 나고 살림이 완전히 무너져서 어렵던 시절이라 오히려 공부에 전념할 여건이 되었다. 집안 어른들이 젊어서 세상을 뜨는 것을 수없이 겪은 터라 내가 요절할 수도 있다는 절박한 두려움이 마음 한구석에 도사리고 있었다.

스님은 자신이 일직 손 씨의 장손으로 부친이 일찍 돌아가시는 바람에 나이 열일곱에 집안 살림을 맡았다고 했다. 할아버지도 일찍 돌아가시고, 남자들이 단명한다는 집안 내력 때문에 근심을 하다가 이를 풀기 위해 절에 들어갔고 영주 부석사에서 출가하게 된다. 대각사에서 이동헌 스님의 시자가 되어 체계적으로 침술도 배우고 지식을 체계화하는 과정을 겪는다. 스님에게 이러한 모든 것은 평소에 의심했던 것들을 풀어 가는 과정이었다.

스님은 간절한 기도로 풍수법을 얻었다고 했다. 단식기도를 하면서 절실한 마음으로 간구하던 가운데, 큰 바위에 짓눌리는 환상에 시달리다가 기절한 연후에 깨어나니 어느덧 산의 모습이 마음으로 보이기 시작하더라는 것이다. 산을 보는 법을 얻은 후에 우연히 지리책을 구해서 보게 되었는데, 이미 용의 죽고 사는 법을 터득한 후라 책의 틀린 부분까지 보이더라는 것이다. 그런 연유로 자신이 큰 법을 얻은 것을 비로소 깨달았다고 했다.

스님은 당시 5·16 정부 요인들과 가까이 지냈고, 박정희 당시 최고회의 의장에게 두 가지를 건의했다고도 했다. 금수강산이 무당들과 산에서 혼자 공부하는 독가촌으로 황폐화되고 있으니 이를 정비해야 한다는 것과 초등학교 도덕 교과서에 인과론을 실어야 한다고 주장했던 것이다. 스님의 이런 친분이 오히려 화가 되어 스님은 머물던 절에서 쫓겨나고 승적을 박탈당하는 수모를 당한다.

스님은 5·16 정부 시절 당시 박정희 의장 밑에서 속기사로 일했던 손석우와 우연히 만났고, 손석우가 일족이라면서 적극적으로 접근해 스님이 터를 보러 갈 때 가끔씩 따라다니곤 했다고 한다. 1년 정도 스님을 따라다녔던 손석우는 마침내 세상에 나와서 당대 제일의 풍수로 행세한다. 육관 손석우가 쓰던 '터'라는 단어는 스님이 즐겨 사용하던 것이었다.

## 가르쳐 주면 눈을 멀게 한다

스님은 혈이나 명당이라는 말 대신 유독 '터'라는 단어를 즐겨 사용했다. 스님은 풍수법과 침술법, 고혼인연법에 달통한 고수였다. 침술법과 고혼인연법은 치열한 수련과 기도가 수반되어야 얻을 수 있는 법이었다. 나는 오로지 풍수법에 매달렸다.

스님은 단편적인 것이 아니라 모든 것을 통합해 보는 법을 가르쳤다. 사람의 얼굴을 눈, 코, 입, 귀, 피부의 오관으로 따로따로 보면 예쁘지 않은 것이 없다. 그러나 얼굴은 어떤 조화에 의해 그 사람이 풍기는 기운이 달라진다. 꼭 같이 있어야 할 위치에 있음에도 불구하고 생긴 것도 다르고 느낌도 달라진다.

풍수의 통찰력도 마찬가지다. 얼굴의 표정을 보면 그 마음을 알 수 있듯이 산도 각양각색의 표정을 가지고, 그에 따라 산이 품고 있는 정서와 정신이 달라진다. 그것을 읽어 낼 수 있는 힘을 얻어야 가히 산을 볼 줄

안다고 할 수 있는 것이다.

그렇게 10년에 걸친 수련이 시작되었다. 첫 산행은 내 조상이 묻힌 청도의 선산으로 향했다. 스님은 먼저 용이 죽고 사는 생사룡生死龍의 이치를 깨달아야 한다고 했다. 죽은 용은 볼 필요가 없다는 것이다. 죽고 사는 문제를 치열하게 풀어낼 수 있어야 그 다음으로 넘어갈 수 있다는 것이다. 살아 있는 용을 찾아냈을 때 방위학이라는 이기론적 대입이 가능해진다는 것이다. 발복론은 마지막에 점검할 문제일 뿐이다.

스님과 수많은 산행을 거듭하면서 처음으로 산을 산답게 느낀 곳은 대구 팔공산이었다. 무심코 보던 산이 살아 움직이는 이치를 보여 준 것이다. 산의 흐름은 역동적인 기운의 흐름이다.

금호강을 사이에 두고 지척지간에 놓인 검단동과 불로동은 원래 보현산 뒤쪽에 뿌리를 두고 갈라선다. 보현산 뒤에서 출발한 산 흐름은 용성면 구룡산 뒤쪽에서 용산과 운문산으로 갈라진다. 운문산, 가지산을 거쳐 부산까지 내려가고, 용성면 용산으로 올라선 산은 소룡산에서 다시 선의산과 대구한의대 쪽으로 갈라진다.

선의산으로 갈라진 줄기는 용각산을 거쳐 상원산에 다다라서 용지산과 최정산으로 갈라진다. 최정산에서 올라선 줄기는 비슬산으로 가서 청룡산을 거쳐 대구분지를 가로질러 와룡산까지 밀어 올린다. 용지산으로 흐른 줄기는 진밭골을 거쳐 욱수골로, 경북대학교가 있는 복현동, 산격동 연암산에서 마무리된다. 영천 화산으로 갈라선 산은 신령면 혈암산에서 힘을 모아 팔공산 중봉을 올려 세우고, 동봉은 갓바위를 거쳐서 반야월을 돌아 불로동과 연경동을 지나 동변동까지 흘러간다.

하늘의 해는 지구상 어디에서든 보인다. 비록 마하의 속도로 달린다 하더라도 태양이 보이기 마련이다. 산을 볼 때도 큰 흐름을 보고 쫒아가기 때문에 100㎞ 이상 고속 질주를 하는 차 안에서도 큰 기운이 어디로 떨어지는지는 당연히 보일 수밖에 없다.

# 산을 더듬어라

스님은 이런 얘기도 했다. 머리카락을 잘라서 뿌리와 끝을 잘라 버리고 그 가운데 부분을 보고서 머리카락의 위아래를 구분할 수 있어야 한다. 겉으로 보아서는 위아래를 알 수 없지만, 머리카락을 만져 보면 결이 느껴지므로 위아래를 구분할 수 있다. 그와 같이 산에도 결이 있다는 것이다.

마치 나뭇잎이 다 떨어진 겨울의 나뭇가지를 보고도 죽었는지 살았는지를 분간할 수 있어야 하는 것과 마찬가지 원리다. 생사룡은 바로 여기에 있다. 죽은 것은 껍질이 거칠고 생기가 없지만, 살아 있는 가지는 껍질에 탄력이 있고 생기가 느껴진다. 가서 잘 더듬어 보라. 터를 보는 것은 그냥 산행을 하는 것이 아니라 산을 더듬어 보는 것이다.

이쯤에서 나는 스님의 상좌로 들어앉겠다고 생각을 했다. 새벽에 일어나 도량경을 한 다음 이른 공양을 하고, 주먹밥을 싸서 산행을 시작해

종일 산을 오르내리다가 해가 지면 산에서 내려왔다.

스님이 다니다가 "터가 된다"고 얘기하고 나면 나는 그 터를 반복해서 오르내렸다. 왜 터가 되는지 스스로 깨달아야 했다. 가르쳐 주는 순간, 그것이 바로 눈을 멀게 한다고 했다. 스스로 찾아내고 알아차려야 한다. 결국 가르쳐 줘 봤자 꼭 같은 상황이 아니면 법을 쓸 줄 모른다. 그냥 하는 답산은 관광이나 놀이에 불과하다. 이것이 세상 풍수법의 맹점이다.

스님은 튼튼한 몸이 중요하다고 했다. 산과 일체감을 느낄 수 있을 때까지 오르막 내리막을 겁내지 않고 무시로 오르내릴 수 있어야 하기 때문이다. 산을 볼 때는 그 살림살이도 같이 살펴야 한다. 태조산이 있고 소조산이 있고 자식산이 있고 손자산이 있으니 적어도 3대가 맞아떨어져야 한다.

스님은 세상 사람들과는 구분되는 표현 방식에 익숙했다. 눈에 보이는 대로 얘기하고, 주변을 의식하지 않고 늘 자신만의 방식을 고집했기 때문에 오히려 신통력에 의존하는 것처럼 보일 정도였다. 스님은 또 스스로의 문제인 단명短命함만 해결하면 된다는 절실함에서 헤어나지 못하는 것처럼 보였다.

작은 하늘 하나가 만들어지려면 3,000개의 은하가 모여야 하고, 3,000개의 소천이 모여야 대천 한 개가 만들어진다. 33대천세계는 인간의 인지적 한계를 넘어선 것이다. 세상에 존재하는 모든 물질은 자기 의지가 있다. 소나무로 치자면 솔잎 하나하나가 하나의 존재요, 세포 하나

하나가 하나의 하늘이다. 사람은 각자 가슴에 대천세계 하나를 품고 살아간다.

모든 사물은 중생이다. 중생 개개인이 열반에 든다는 것은 허구다. 세상 사람은 다 같이 진화했고 앞으로도 진화를 거듭할 것이다. 우주의 이치로 본다면 우리끼리 좋은 놈, 나쁜 놈을 구분하는 것은 의미가 없다. 천지자연은 평등 무자비하다. 있는 그대로일 뿐이지 손톱만큼의 분별심이 없다. 물질적 순환을 진화라고 한다면 영적 존재의 순환은 불교에서 윤회라고 한다.

나무 중의 가장 어른은 버드나무다. 버드나무에는 모든 과수의 접붙이가 된다. 버드나무는 나무와 풀의 중간 단계다. 물에 뿌리를 박고 살 수 있는 유일한 나무이고 버드나무에서 다른 종의 진화가 이뤄졌다.

사람에게도 진화 프로그램이 내장되어 있을 뿐이다. 혼자서 영적인 존재가 없어지고 성불할 수는 없다. 지구가 진화하면서 그 속에 있는 생명체들은 공생공멸할 것이다.

남녀노소 할 것 없이 모두 휴대전화를 가져서 구체적으로 1,000리 밖의 소리가 들리니 천이통이요, 영상통화가 가능하니 천안통이다. 이제는 부처의 육신통도 별것 아닌 세상이다. 비행기와 자동차가 땅을 주름잡기 때문이다. 통계학의 발달로 측정값이 점점 더 정확해진다. 각 개인에 적용되면 이것이 숙명통이요, 일기예보는 천문의 숙명통인 셈이다.

이러하니 미륵신앙에 오히려 무게감이 더 실린다. 미륵세계가 오면 인류 자체가 다 같이 성불한다. 곧 지구의 종말이 온다는 것이다. 지장보살은 법륜이라는 이치를 손에 들고 지옥문 앞에서 이 세상의 모든 중생이 모두 성불할 때까지 스스로 부처가 되지 않고 중생들을 위해 기도하겠다고 원願을 세운다. 지장보살이 부처가 되는 날은 바로 이 세상이 끝나는 날이다.

# 터에도 마음이 있다

눈이 열리고 나서 팔공산에 올라서니, 전체적으로 매가 날개를 펼치고 나르는 형국이 눈에 들어왔다. 사람의 몸이 여러 조합으로 이뤄지듯 팔공산 전체는 매의 모습이지만 그 물상은 여러 요소들을 품고 있다.

팔공산은 진주투지珍珠投地형으로 진주를 한 움큼 확 던진 것과 같이 온 산에 진주처럼 좋은 터가 흩어져 있다. 매의 어깻죽지 격인 중봉에서 동봉과 서봉이 나뉘고 그렇게 진행하는 동안에 형성된 산줄기 하나하나가 진주처럼, 보석처럼 귀한 터를 품었다.

구석구석 놓인 살림살이가 보이기 시작했다. 나무가 하나 솟으면 가지가 나고, 가지마다 꽃이 피고 열매가 열리는 과정이 산에도 적용된다. 가지에 열매가 맺히면 그 열매끼리 경쟁이 시작되어 힘이 약한 놈은 떨어지고 튼실한 놈은 열매를 잘 맺는다.

여기서 시원찮게 덜 자란 놈은 약룡弱龍 혹은 병룡病龍이요, 떨어진 놈은 사룡死龍이고 끝까지 살아서 결실을 맺은 것은 생룡生龍이다. 나뭇가지에 달린 과실들이 자양분을 두고 다투듯이 산에 맺어진 혈도 치열한 경쟁 끝에 자리를 잡고 앉아 터가 된다.

터에도 나이가 있다. 산이 만들어지기 위해서 용암이 분출되거나 지구의 자전과 공전의 영향을 받아 조그만 씨앗 같은 존재가 수억 년의 세월을 견뎌서 지금의 터가 자리를 잡았을 것이다. 터에는 마음이 있다. 그 많은 세월과 요소들의 응축이 누군가와의 인연을 위해 수억 년을 기다려온 것이다.

모든 씨앗이 다 싹을 내는 것이 아니듯이 터라고 해서 다 쓰이는 것은 아니다. 수억 년 동안 힘을 비축하고 기운을 응축했음에도 불구하고 옳고 좋은 인연을 만나지 못해서 터가 가진 기운을 세상에 제대로 펼쳐 보지도 못하고 없어져야 하는 경우도 있을 것이다.

우리는 필연이라 할 것이지만 우연히 어느 시기에 엉뚱한 사람이 나와서 마구잡이로 터를 부순다면 수억 년 터의 의지는 그냥 없어지고 마는 것이다. 이것을 필연이라고 한다면 터의 입장에서는 억울하기 그지없는 노릇이다. 천하를 경륜할 만한 자질을 가지고도 시대와 사람을 잘못 만나서 그냥 범부로 살다 가는 것처럼 터의 경우도 마찬가지다.

처음에는 전체적인 것이 보이지 않았고 이곳저곳의 다른 점만 보거나 혹은 다른 점을 보려고 노력하는 데 그쳤다. 터의 생성 이치를 터득한 후에는 호박 넝쿨처럼 전체적인 것이 가슴에 와 닿기 시작했다. 아무래도 많은 시간이 흐른 후의 일이었다.

# 꽃이 붉으면
# 물도 붉어진다

대구의 달성공원 자리는 원래 달성 서 씨들의 세거지였다. 조선 세종 때 달성 서 씨들이 줄줄이 과거에 급제하는 바람에 세상의 이목이 집중되었다. 왕이 몰래 사람을 보내 이들 땅의 풍수지리를 살피게 했다. 낌새를 챈 서침徐沈이 선방을 놓는다. 세거지를 자진해 나라에 바치고 팔공산으로 들어간 것이다.

팔공산 상중심이 이때 잡은 달성 서 씨의 새로운 세거지다. 서침은 세거지를 보상하고자 하는 조정을 향해 백성들의 세금을 줄여 달라고 요청해 이곳 주민들의 인심을 얻었다.

그 상중심을 직접 둘러보다가 의외의 상황과 맞닥뜨렸다. 제실에 들어서니 좌향이 산의 주맥과는 어긋나게 약간 틀어져 앉아 있었다. 더욱 당황스러운 것은 드나드는 문이 남쪽 방향으로 잡혀 있고 중간에 큰 나무를 심어 가로막은 것이었다. 터가 아닌 데다가 대문이라도 동문으로 돌렸으면 하는 아쉬움이 있었다.

뒷산으로 올라서니 당황스러움이 더했다. 산기슭에 올라서니 혈처에 커다랗고 오래된 비석이 튼튼하게 박혀 있었다. 산소는 뒤쪽으로 살짝 벗어난 자리에 앉혔다. 능선에 있는 서침의 산소도 정혈에서 한참이나 비켜난 자리에 있었다.

팔공산 자락에서 가장 좋은 자리 중 하나에 해당하는 큰 터를 차지하면서 터를 찾아 좌향을 제대로 앉히지 않고 왜 이렇게 어깃장을 놓았을까 하는 의문이 뇌리를 떠나지 않았다.

내가 어느 날 이른 새벽에 일어나 이 생각 저 생각을 하던 중에 한 생각이 마음에 스쳤다.

"못가에 꽃이 만발하면 수중에도 꽃이 비쳐 그 물이 붉게 물들 것이다 水邊花發 水中紅."

좋은 터에는 정혈이 아닌 그 근처에만 들어가도 자손들이 상당한 복록을 누릴 수 있다는 뜻이다.

난 무릎을 쳤다. 서침은 좋은 터를 차지하고 부귀와 벼슬이 과하면 또 다시 무슨 일이 일어날지 모른다고 걱정했을 것이다. 왕이 처음에는 궁금한 마음에 몰래 사람을 보내 알아보라고 했지만 그런 일이 재발하면 이번에는 손에 칼을 든 사람을 보낼지도 모르지 않은가. 역적이면 삼족을 멸한다. 이 얼마나 두려운 일인가.

좋은 터가 발복이 되어 또 줄줄이 과거에 급제를 하면, 조정에 올라가 있는 벼슬아치를 통해 어떤 재앙이 묻어 올지 알 수 없는 일이었다. 실제로 조선 초기에는 사화가 끊이지 않았다. 걸출한 벼슬아치도 멸문지화에 걸려들면 끝장이었다.

그래서 이러한 꾀를 낸 것이다. 대를 이어서 벼슬을 할 필요는 없다. 조손祖孫, 즉 할아버지와 손자만 벼슬을 해도 지역에서 '대감 댁'이라는 호칭을 잃지는 않을 것이고, 재물도 과하기보다는 적당해야 마음 편하게 지낼 수 있다.

이것이 혈처에 바로 들어가지 않고 터를 비껴서 쓴 이유다. 벼락같이 갑작스런 부귀영화를 누릴 것이 아니라 고만고만하게 대대손손 끊이지 않는 복록을 누리고 싶었던 것이다. 그런 속 깊은 배려가 일부러 집을 틀어서 짓고 혈처를 비껴서 산소를 앉히게 한 것이다.

서침은 이 같은 엄격한 절제를 자손들에게 전해서 집안이 지켜지기를 바랐던 것이다. 이런 모습을 지켜보노라면 몇백 년 세도가의 힘이 거저 생기는 것은 아니라는 생각에 가슴이 절절하다.

# 뒷발차기하는 용

나는 산줄기를 오르내리는 것이 힘든 줄도 몰랐고, 산과 같이 일렁거리면서 춤을 추는 기분이었다. 산 밑의 터를 보면 위에는 이러저러한 터가 있을 것이고, 저 뒤에는 이러한 터가 있을 것이라는 게 그림처럼 보이기 시작했다. 이런 상상이 맞아떨어질 때는 엄청난 희열을 맛봤지만, 어긋나면 자괴감으로 며칠간 잠을 못 자고 뒤척였다.

생각이 한쪽으로 쏠려 엄청난 집중력이 발휘될 때는 자세히 쳐다보면 반은 죽고 반은 살아 있다는 이른바 '변생변사邊生邊死'가 눈에 들어온다.

반생룡半生龍은 팔자가 뒤죽박죽일 텐데 이명박 전 대통령의 증조모 산소가 그러하다. 산소 자체는 화려하고 좋다. 근본을 잡아 올라가면 들어오는 탯줄이 반은 죽고 반은 산 형국이다. 용이 진행하면서 변생변사했다는 것은 엄청난 한이 맺혔다는 것을 뜻한다.

이런 터의 인연으로 세상을 살아가면 세상을 사는 모습도 이와 같을 수밖에 없다. 화려하게 살아가지만 밑바닥에 한이 맺혔다. 힘으로 한풀이를 하려 들고, 그러다 보니 치적 남기기를 가장 우선시하는 정치를 하게 되고, 여기까지 오는 과정도 정말로 힘들게 올 수밖에 없었다. 억지로 힘들게 살아가는 용이요, 보기에도 애처로운 용이다. 그러면서도 기존의 질서를 무너뜨리고 자기 질서를 세우겠다고 애쓰는 모습으로 나타난다.

눈에 띄지 않는 상황에선 죽은 용으로 보이지만, 그 가운데 실낱과 같이 가느다란 맥 하나를 이어 가는 듯한 정황을 읽는 힘, 이것을 초사회선草蛇灰線이라 한다. 재 위에 실 지나가듯이, 풀 위에 뱀이 지나가듯이 은은미미한, 숨고 숨어 가늘고 가느다란 맥을 어느 영안이 있어 알아볼꼬.

풍수는 책보다 현장 체험이 우선이다. 현장을 충분히 겪고 나서야 비로소 글의 뜻이 완전히 읽히기 마련이다. 산 위에서 기운을 보고 쫓아 내려가는 경우에 능선을 타고 가다가 한 기운이 내려서면 그 기운을 쫓아간다. 가다가 혈이 맺어지는 경우도 있지만 중간에 힘을 모으지 못하고 흩어지는 경우도 허다하다. 말하자면 씨 없는 수박인 셈인데, 씨가 있는데 내가 못 본 것인지 아니면 정말 씨가 없는 것인지 헷갈리기 십상이다.

용을 밀어 주기 위한 뒷발차기를 잘못 알아차리고, 뒤를 앞으로 알아 쫓아가니 혈이 없을 수밖에 없다. 뒤로 돌아가 딴살림을 차렸으니 전체적 흐름에서 완전히 벗어나 뒤쪽에 붙은 경우도 있기 때문이다. 능선에서 훑어 내려가는 경우에는 바로 보지 못하고 다시 되짚어 가야 하는 경우가 허다하다.

앞에서 말했던 비유와 같이 머리카락의 위아래를 잘라 놓으면 어디가 뿌리이고 끝인지를 알아차리지 못하는 것과 마찬가지로 산의 앞뒤를 모르고 덤비는 격이다. 산의 한 토막을 두고도 앞뒤를 구분할 수 있어야 한다.

# 방위의 기준점은 나 자신

풍수는 문구에 얽매이지 않고 마음과 마음으로 전수되는, 이른바 교외별전教外別傳이라 할 수 있다. 배움이 깊어지면 현몽現夢, 즉 죽은 사람이나 신령 따위가 꿈에 나타나는 일이 많아진다. 공부에 따라 어떤 때는 꿈속에서 책을 받기도 하고, 산의 형상을 보기도 한다. 평생 잊지 못할 꿈을 꾸기도 한다.

고향 산천이 꿈속에 쫙 펼쳐지면서, 나의 6대조 조모를 모신 산소가 보이고 내 입에서 '천우天牛', 즉 '하늘소'라는 말이 툭 튀어나오는 것이었다. 소의 길게 뻗은 꼬리 부분에는 조모의 산소가 자리 잡았다. 나중에 그 산에 찾아가 물형을 보면서 그 산이 왜 천우인지를 알게 되었다.

이 일이 있은 이후로 산을 보면 바로 그 물형이 눈에 들어오기 시작했다. 물형을 잡는 법을 터득한 것이었다. 조모의 산소를 보러 간 참에 금계포란金鷄抱卵형, 즉 닭이 알을 품은 형국으로 알려진 곽 씨 집안 조모

산세가 마치 허리를 늘어뜨리고 편안히 누운 소의 모습이다. 길게 뻗은 소의 꼬리 부분에
내 6대조 조모의 산소가 자리 잡고 있다.

의 산소를 다시 보니 큰 쇠머리 앞에 놓인 영락없는 쇠구유의 형상이 눈에 들어왔다. 곽 씨네는 대구 곽병원을 세운 집안이다.

책에 나와 있는 원칙이 한꺼번에 깨달아졌다. 금성 기운을 가진 산에는 날짐승 물형, 토성 기운에는 포유류 물형, 목성에는 사람 물형, 화성처에는 신선 물형, 수성처에는 구슬 같은 용사의 물형을 대입해 들어가는 방법이 일이관지一以貫之로 다가왔다. 모양으로 보면 금성은 둥근 것, 반원을 뜻하고, 토성은 네모반듯한 것, 똑바른 것을 뜻한다. 목성은 솟으면서 가지가 있는 것, 화성은 뾰족한 것, 수성은 물처럼 구불구불한 것을 뜻한다.

《청오경》에 나오는 '갱유본방更有本方'이라 함은 다섯 방위가 지닌 특성과 모양의 특성이 일치해야 더욱 귀한 터가 된다는 것을 일컫는다. 이제는 모든 생각이 풍수로 귀결되는 것이었다. 어느 순간에 내가 너와 마주 앉은 것도 풍수요, 세상 이치가 모두 풍수로 귀결되는 일이관지를 깨닫게 되는 것이다.

풍수는 생명 에너지 발생조건학이다. 세상에 엮인 생명 에너지가 어떻게 발산되고 수렴되는지를 느끼고 깨닫는 것이 바로 풍수인 셈이다. 무엇이 사람을 생동감 있게 만들고, 어떤 조건을 갖춘 환경이라야 사람에게 좋고 편안한 것인가를 끊임없이 되묻게 된다.

또한 풍수는 공간구분학이다. 공간의 구분은 방위에 기준을 둔다. 방위는 나로부터 출발한다. 내 스스로가 방위의 기준점이다. 방향의 특성은 어디서 오는가? 지구와 달의 만유인력에서 온다. 달이 지구를 돌면서 생기는 물때가 굉장히 중요하다. 밀려오는 물과 나가는 물에 의해 지구의 온도 변화가 오고, 간만의 온도 차이에서 바람이 일어난다.

바람이 세상의 만물을 옮긴다. 지구상의 모든 생명은 달의 힘에 영향을 받는다. 달의 차고 기울어짐으로 만들어진 것이 팔괘八卦이고 여기에 지구의 공전이 가미되니 방위의 변함없는 특성이 나온다. 불변의 방향이 가진 특성이 바로 오행인 셈이다.

## 초라한 2층 셋집

내가 10년간 풍수 공부를 하는 동안 살림을 돌보지 않은 탓에 집안 형편이 다시 곤궁해졌다. 마땅한 살림집을 구하지 못해 대구 수성구 파동에 있는 단독주택 2층에 세를 얻어 살았다. 내가 살던 집은 서북으로 진행하던 산이 서남으로 틀어서 신천을 마주 보는 지점의 끝단에 있는 초라한 집이었다.

이 집은 큰길이 동북쪽에 있었기 때문에 골목이 동북쪽으로 나 있고, 집의 대문 역시 동북쪽으로 나 있었다. 집의 좌향은 서남쪽에 있는 신천을 등지고 동북쪽으로 산을 맞이하는 형세였다. 언뜻 좌공조만坐空朝滿의 형세를 생각할 수 있으나, 강 건너에 마주 있는 산이 안산 역할을 충분히 하기 때문에 좌공조만 형세를 적용하기가 어려웠다.

집의 1층은 동북쪽을 바라보는 곤좌간향이 되어 산과 물의 배치와 어긋났다. 2층은 오히려 동북쪽으로 들어온 대문이 2층으로 올라가는 계단과 연결되어 90도로 꺾여 현관문으로 들어서니 서북쪽에서 들어가는 대문이었다. 집의 좌향은 동북을 등지고 서남을 보는 격이어서 산을 등지고 물을 바라보는 배산임수를 맞춰 낼 수 있었다.

1층의 곤좌간향은 여자를 상징하는 방향인데 옳지 않은 배치로 인해 안주인의 건강이 좋지 않을 수 있었다. 반면 2층은 초라하지만 서남쪽을 바라보는 간좌곤향에 서북대문을 두고 남쪽으로 물이 들어오는 오방득수가 되었으니 서북쪽인 술방으로 물이 나가는 형국이라, 간좌병득 신파가 되어 아주 적합한 형세를 갖추게 된다.

실제로 2층은 몇 년 동안 살면 세든 사람이 새 집을 사서 이사를 나가는 좋은 터였다. 이 집에 3년을 살면서 나도 용각산 아래 집터를 얻고, 모친의 산소를 마련했으며, 몇몇 소점지를 손에 넣고서야 이사를 나왔다. 1층과 2층의 운명이 갈라진 것은 터가 방위로부터 영향을 받은 탓이다.

방위의 영향을 받아 잘 풀린 사례는 달성군 가창면의 한 찐빵 가게에도 적용된다. 그 가게는 농협 건너편의 길쭉한 삼각형 터에 도로 방향에 맞춰서 서쪽에서 동쪽을 바라보는 집이었다. 이 땅의 형세는 서남에서 동북으로 내려서는 지형으로 앞쪽에 두 강이 합쳐져 북쪽으로 흐르는 터였다. 우연인지 모르겠지만 지붕 위의 간판을 집의 방향과 관계없이 좌향에 맞게 동북쪽으로 삐딱하게 올렸다. 삐딱하게 올린 간판이 이 일대를 유명한 찐빵 골목으로 만들었는지도 모른다는 생각이 들었다.

대구 중구 동인동에 있는 한옥집은 김치찜을 주 메뉴로 하는 식당으

건물이 앉은 방향과 관계없이 동북향으로 지붕 위에 얹어 놓은 간판이 주변 산세 방향과 맞아떨어진다.
이 간판 때문에 가창 찐빵 가게가 유명세를 타게 되었는지도 모를 일이다.

로 막다른 골목에 자리 잡았다. 골목으로 들어서면 막다른 골목 정면에 간판이 붙어 있다. 여기서도 간판은 앞쪽으로 나 있는 조그만 골목으로부터 들어오는 바람을 막아선다. 골목에서 바람이 불어오는 방향과 동남쪽에 간판의 위치와 북쪽 주방의 위치가 사선으로 배치되어 생기가 맞아떨어진다. 북쪽인 자계 방향에 주방이 있고, 동남쪽인 손사방에 간판, 서쪽인 경유방에 물이 나가는 골목이 자리 잡은 것이다.

여기서 간판은 득수得水, 즉 혈처 쪽으로 다가오는 물의 역할을 할 뿐만 아니라 대문 역할도 하면서 동시에 손님을 시선을 사로잡아 동선을 끌어당기는 역할을 한다. 10년째 점심시간이면 줄이 늘어서는 이 식당에 대한 풍수적 해석이다.

# 사선으로 낸 현관문

영대병원네거리 남쪽에 자리 잡은 한국불교대학(구 영남불교대학) 건물의 정문은 동쪽에서 서쪽을 바라보는 방향이었고 건물의 뒤쪽이 낮아 굉장히 불안정했다. 이 터는 원래 대구의 주맥을 형성하는 남대구경찰서 앞 납작재의 백호자락에 해당된다. 이 건물은 서남에서 동북쪽으로 보아야 제대로 된 배치이다.

여관 건물을 사찰로 개조하면서 옥상 위에 큰 부처님을 앉혔다. 이 부처님이 건물의 방향과는 상관없이 앞산을 등지고 동북향을 바라보는 곤좌간향으로 형세를 취했다. 이 부처님의 좌향이 학교를 번성케 하는 동인이 되었으리라고 보는 것이다. 건물이나 땅의 형세가 어떻든 간에 그 단체를 상징하는 상징물의 방향이 그 단체의 흥망성쇠에 결정적 영향을 미치는 것으로 여겨졌다.

영주에 있는 부석사 무량수전은 정남향인데, 법당 안 부처님은 동쪽을 바라본다. 봉황산의 봉황전익이라는 물형을 갖춘 어마어마한 기운에 비해 부석사의 현재 위상은 미미하다. 의상대사와 선묘 사이에 얽힌 전설적인 창건 신화에 따르면 법당 안 부처님이 동쪽을 바라보는 이유를 이해할 수는 있겠다.

제대로 자리를 잡은 무량수전은 큰 보물로 자리매김해 터에 걸맞은 대접을 받고 있지만, 부석사라는 사찰 자체로 제 역할을 제대로 감당하지 못하는 이유가 아무래도 어긋난 불상의 좌향과 연관이 있지 않나 하는 생각이 드는 것이다.

대구 달성 국가산업단지 내 2,500평 대지에 LED조명 생산공장을 짓던 (주) 동영의 남인수 사장은 나를 만나자마자 공장 터를 보여 주겠다고 앞장서 차를 몰았다. 남북으로 기다란 직사각형의 대지에 서쪽 중앙에 출입구를 내고 동쪽으로 공장동을 앉혔다. 깎아 낸 산의 흐름은 동북으로 가는데 이를 거스르고 남쪽을 향해서 대지 북쪽 끝에 사무동을 앉힐 계획인 모양이었다.

나는 땅의 주인 자리인 사무동을 남서쪽 구석으로 배치해 'ㄱ' 모양으로 짓도록 조언했다. 마당을 가로질러 동북향으로 건물을 앉힐 수가 없었기 때문에 건물을 꺾어서 짓고, 꺾인 부분에 사선으로 동북쪽을 향해 현관을 내라고 했다. 그리고 공장 전체의 정문은 최대한 북쪽 구석으로 올려 대지의 서쪽 중앙으로 들어서는 형국인 현재의 상황을 보완하도록 했다.

남 사장은 내가 설명한 대로 당장 설계를 변경하겠다고 했다. 낯선 전문가를 만나서 이처럼 즉석에서 적극적으로 조언을 수용하는 태도에 깜짝 놀라지 않을 수 없었다. 나중에 얘기를 들으니 그 회사는 원래 예전에 쓰이던 일반 조명을 생산하던 공장이었는데 세태의 변화를 적극적으로 수용해 이제는 LED조명 생산업체, 특히 생활조명으로 전국에 400여 개의 대리점을 거느린 대구의 대표적 기업이 되었다고 한다.

부동산 개발업을 하는 후배가 사무실 배치를 봐 달라고 연락을 해 왔다. 사무실이 있는 건물은 정사각형으로, 동쪽에서 서쪽을 바라보고 앉았다. 서쪽으로 큰 도로를 접했던 것이다. 1층에서 2층으로 올라서면 사무실 문이 동남쪽 모퉁이에서 들어서게 되어 있었다.

여기서 복도를 새로 만들어 사무실 문을 건물 바깥쪽으로 바짝 붙여 서남쪽 모퉁이로 들어서게 재배치를 하고, 그곳으로부터 동북에 해당하는 방향에 대표이사실을 배치하도록 했다. 동서남북으로 정사각형인 건물 안 서남쪽 모서리에 현관문을 설치하고 동북쪽 모서리에 대표이사실을 배치함으로써 생기 왕성한 형세로 뒤바꾼 것이다.

# 문장대의 관음성좌

동양 사상은 유가, 불가, 도가에서 유래하고, 이 세 가지 학문에 통달하면 동양 철학에 정수를 꿰뚫었다고 할 수 있다. 나는 여기에 지리가문이 더해져야 한다고 본다.

지리, 즉 풍수가문의 결과물은 나눌 수 없는 권력이었기 때문에 밝혀지면 폐해가 많을 수밖에 없었다. 그런 연유로 이 학문은 예로부터 숨겨서 전수가 되었고, 한편으로는 유가, 불가, 도가로부터 요행수나 바라는 속된 학문이라고 경멸당하고 터부시되었던 것이다. 풍수지리가 모든 학문의 배경으로 깔렸음에도 불구하고 그 힘이 너무 컸기 때문에 오히려 무시당한 것이다.

모든 사람의 마음에 본질적 · 근본적으로 자리 잡은 것이 바로 풍수가문이고, 모두가 그것을 추구하면서도 겉으로는 아닌 것처럼 위선적으로 행동했기 때문에 주유야풍晝儒夜風이 유행했던 것이다. 낮에는 선비 행세로 유교의 도를 얘기하면서도 야음을 틈타 남들이 모르게 풍수를 추구했던 것이다.

유가, 불가, 도가의 그 바탕에는 풍수사상이 가미되지 않은 가문이 없다. 무릇 존재는 장소를 벗어날 수 없기 때문이다. 모든 존재는 장소를 전제로 한다. 모든 학문은 시간과 공간 사이에 현재의 내가 있음을 뜻한다. 여기서는 삼진법이 전부다. 과거, 현재, 미래가 전부다. 그래서 이것과 저것 사이에 주관하는 주체, 즉 하늘과 땅이 있고 생명 혹은 사람이 있다. 더 붙이면 사족이다. 수법과 이기를 떠나서 모든 것이 세 가지 요소에 의해 결정된다. 모든 것이 삼합이다.

풍수 공부를 하다가 옛 사람들이 붙인 지명을 보거나 들으면 풍수적 특성이 대충 감이 잡히기 마련이다. 나는 특히 대구 테크노폴리스 지역을 감정하면서 지명과 풍수적 특성이 일치하는 것을 절실히 느꼈다.

이러한 특성은 특히 물형을 잡는 데 직접적인 도움이 된다. 어느 동네에나 있는 한실이나 텃골, 원당이라는 지명은 모두 풍수적 특성을 표현한 것이다. 터는 펼친다는 뜻으로 산이 가다가 자리를 만들었다. 국局, 즉 명당에 흐르는 물과 그 주위의 형세가 합하여 이룬 자리라는 뜻이다.

사람도 가다가 쉬려면 보따리를 내려놓은 다음, 몸을 척 펼치고 앉게 마련이다. 그런 형국이다. 속리산의 관음성좌는 관세음보살이 자리를 펴고 앉은 형국이다. 속리산의 뜻에는 속세를 떠난다(離, 떠날 리)는 뜻이 있다.

내가 서너 번을 갔어도 속리산의 전체 국세를 한 번도 제대로 읽을 수가 없었다. 맥의 흐름을 보아서는 문장대를 주산으로 해서 내려앉은 자리 어디일 것 같은데 그렇게 모습을 숨기다가 어느 날 우연히 모습을 나타냈다. 혼자 보기에 안타까운 생각이 들어서 남동희 박사와 함께 문장대를 한 번 더 올라갔다. 그 후로는 아직 그 찬란한 터를 다시 볼 기회를 가지지 못했다.

가끔 풍수는 자신의 목숨을 걸어야 하는 상황과 종종 맞닥뜨린다. 후에 흥선대원군이 되는 이하응李昰應은 젊은 시절 세도정치의 위세에 눌려 목숨을 부지하기에 급급했다. 그런 가운데 그는 풍수를 통해 운명을 풀고자 했다.

백방으로 알아본 끝에 그는 정만인鄭萬仁이라는 풍수를 만나, 충청도 가야산 자락에 있는 가야사의 탑 자리가 2대에 걸쳐 제왕을 낼 수 있는 명당이라는 소리를 듣는다. 터를 둘러본 이하응은 "잘하면 영의정이나 나올 자리"라고 되짚는다. 그 자리에서 고개를 끄덕일 수밖에 없었던 정만인은 그 길로 줄행랑을 놓고는 자취를 감춰 버렸다. 당시 제왕지지를 찾아다닌다는 사실만으로도 이하응에겐 죽임을 당하는 빌미가 될 수 있었다.

그 후 이하응은 수덕사보다도 더 큰 절이었다는 가야사를 뜯어낸 그 자리에 경기도 연천에 있던 아버지 남연군의 묘를 이장한다. 그의 강력한 집념은 마침내 둘째 아들을 왕 자리에 앉혔고, 스스로 대원군이 되어 섭정을 하면서 권세를 휘둘렀다.

제왕지지를 점지하고 나면 그것만으로 풍수의 수명은 끝장났던 것이다. 눈이 열린 풍수가 좋은 터를 찾아 제왕지지를 잡고 나면, 그 터를 차지한 예비 군왕은, 또 다른 왕 또는 반역자의 등장을 가로막기 위해서도 풍수의 목을 쳐야 하는 것이다. 혹은 제왕지지를 차지한 자가 스스로 역적임을 숨기기 위해서도 풍수를 죽여야 안심할 수 있는 상황인 것이다.

역설적이지만, 제대로 된 풍수라면 단 한 번의 쓰임으로 끝장날 수 있다는 것을 의미한다.

# 광덕산 촛대봉

스님과 그렇게 수많은 날들을 함께 다니던 어느 날이었다. 경기도 가평군 광덕산의 촛대봉에서 스님과 내가 바라보는 지점이 비로소 같아졌다. 보는 방법이 둘일 수는 없다. 처음 산에 갔을 때는 중심이 어딘지 보이지 않았다. 산이 크고 거대하게만 느껴질 뿐이었다. 그 큰 산을 덩치가 조그만 스님이 패철 하나만을 딱 들고 옭아매면 산이 묶여서 스님 손안으로 들어온다. 그 시절에는 스님의 조그만 등짝이 태산보다 더 크게 보였다. 도저히 넘을 수 없는 산처럼 아득하게 느껴졌다.

어느덧 경계를 넘어서고, 내공이 쌓여 산을 보는 눈이 열리면 오악도 꺾어 넘길 수 있다는 얘기가 나온다. 오악은 사전적으로는 다섯 방위의 산이라는 뜻인데 결국 세상의 모든 산을 뜻한다. 내가 보지 못했던 부분, 큰 산의 흐름을 잡아서 중심에서부터 가닥을 잡아 나가면서 터를 찾아내는 거대한 춤사위, 그래서 감당할 수 없는, 벼락처럼 딱 떨어지는 그 느낌은 이루 헤아릴 수 없는 묘한 것이다. 정수리로부터 온몸을 훑어 내리는 그 느낌은 놀라운 것이었다.

어느 날부터 스님과 내가 바라보는 지점이 일치하기 시작했다. 스님을 알고 나서 그렇게 따라다니기를 7년째였다. 이후로 깊이 빠져서 3년을 더 다니자 큰 산들이 작아지고, 스님의 어깨도 작아지고, 온 산이 내 손안에 쏙 들어오는 느낌이 들었다. 어마어마한 확신과 자신감이 마음속에 어느덧 들어와 앉아 있었다. 그런 마음이 생긴 지 1년 정도 지난 어느 날, 능도스님이 터를 부탁하러 스님을 찾아왔다. 스님이 능도스님에게 말하기를,

"이제 일봉 처사가 공부를 마쳤으니, 이제는 나를 찾아올 거 없고 일봉과 상의하라."

공부가 끝났으니 스님이 내 하산을 허락한 셈이다.

이때부터 나는 절에 불려 다니면서 불사를 도왔다. 동화사 약수암, 해인사의 말사인 합천 연호사, 해남 대흥사, 대흥사의 말사인 진도 쌍계사, 쌍계사 경내의 주지 요사채, 월정사 주지 정엽스님의 터, 함백산 아래 정암사 등의 터를 돌봤다. 일이 늘어나면서 풍수 일에 전념하는 전업 풍수로 나섰다. 스님으로부터 받은 법명인 일봉日峰으로 삭발을 하지 않은 유발상좌가 된 셈이다.

## 마음과 마음으로, 눈과 눈으로

큰 깨달음을 얻고도 스님의 자리매김은 제대로 되지 않았다. 자신이 지은 절을 빼앗기고 승적까지 박탈당하는 수모를 겪었다. 그래서인지 스님은 회한이 많았다. 총명했으나 세상의 학문을 익힐 기회를 얻지 못해 표현력이 짧았다. 체계적으로 공부한 사람은 그 틀을 크게 벗어날 수가 없기 때문에 오히려 큰 배움을 얻기 어렵다고 했다. 즉, 표현이나 말에 얽매이지 않아야 한다는 것이다. 피차간에 체계적 학문이 없으니 오히려 서로 주고받기가 더 쉬웠다.

이심전심以心傳心, 안전안眼前眼. 문구에 얽매이지 않고 마음과 마음으로, 눈과 눈을 마주하고 법을 전해 받았다. 스님은 세상의 이치가 절대로 복잡하지 않다면서 늘 간단명료함을 강조했다. 실제로 스님은 지리에 밝은 눈을 여는 데 필요한 간단명료한 원리를 내 손에 직접 쥐어 주기도 했다.

전설적 풍수인 남사고가 정리한 《일편금一片金》은 풍수법을 금 조각에 비유한 책이다. 남사고는 비룡상천의 터를 찾아 부친의 산소를 아홉 번 옮기고 열 번 장례를 치른 것으로 알려졌다. 아홉 번째 장례를 치르면서 달구를 밟는데 초립동자가 나타나 달구의 앞소리를 받는다.

"사고 사고 남사고야, 비룡상천은 어디다 두고 괘사지지掛蛇之地가 웬 말이냐."

남사고가 깜짝 놀라 다시 살펴보니, 비룡상천이 아니고 죽은 뱀을 나뭇가지에 걸어 놓은 형국이었다. 묘를 다시 파내니 벌써 아홉 방위에서 관 속으로 뱀이 들어오고 있었다. 결국은 파묘해서 영양 어딘가에 모신 것으로 되어 있다. 남사고가 산신에 접신한 신안을 가졌다는 설도 있다. 그래서 산신 심부름꾼인 동자가 나타나 남사고를 구했다는 것이다.

명리학자인 박재현이 자신의 집을 지을 때 나와 만난 적이 있었다. 그는 스스로 그 터를 연꽃이 만발한 연화출수蓮花出水라 했으나, 집을 짓고 얼마 지나지 않아 세상을 떠나고 말았다.

세월이 지난 후에 그의 제자인 방상을 황상호 선생이 운영하는 서울 은평구 역촌동 찻집에서 만났다. 발효차를 취급하는 황 선생은 발효음식을 통해서 체질 개선을 도모하는 전문가다. 삼성그룹의 일을 봐준다는 방상은 자신을 역술인으로 소개했다.

삼성그룹처럼 운세가 절정에 다다른 집안은 풍수로 현상유지를 시키기도 어려울 텐데, 후세가 더 엎어지지 않도록 하는 보험적 처방은 가능

할지 몰라도 더 발전시키기는 쉽지 않을 것이었다. 끝난 잔치판에 숟가락 들고 가 봤자 먹을 것이 있을 것인가. 밥상 차릴 때 가야 따뜻한 밥을 먹을 수 있다는 것이 내 생각이었다.

# 달리는 차 안에서 본 터

《토지》의 작가 박경리가 세상을 버린 후 경남 통영에 자리를 잡아 묻혔다는 소식을 전해 듣고, 마침 비가 추적추적 내리는 가을 즈음에 그곳을 다녀온 적이 있었다. 멀리 바다가 내려다보이는 터가 흡족하지 못한데다 그나마 제자리를 찾아 들어앉히지도 못한 것이 안타까워서 마음 한구석이 묵직한 채로 14번 국도를 달려서 대구로 돌아왔다.

돌아오는 길에 달리는 차 안에서 문득 큰 터가 내 눈 끝에 걸렸다. 오전에 비가 내리는 중에도 언뜻 보였던 자리여서 더욱 신경이 곤두섰다. 일행이 있음에도 불구하고 결국 차를 돌려 좁은 농로로 내려섰다. 산을 보고 찾아간 농로 끝에 제법 오래된 제실이 보였다.

산에 올라서니 병풍처럼 둘러친 석물이 떡 버티고 있었다. 제법 규모가 큰 납골당이었다. 그 내용을 살펴보니 권 씨 문중의 종중산이었다. 눈에 띄는 것은 서울대 총장을 지낸 분의 비석이었고 대대로 벼슬이 대단한 집안이었다. 전직 대통령이 묘역에 기념식수를 했을 만큼 이름난 문중이었다. 그런데 잘 잡은 터에 잘 모셔 두었던 산소들을 파묘해 터의 끝자락에 납골당을 만든 모양이었다.

종종 흩어진 분묘를 모아서 납골당에 모시는 사례는 여럿 보거나 듣기도 했지만, 이렇게 수백 년을 잘 모시던 종중산을 헐어 내어 납골당을 만든 것은 처음 보는 것이라 나는 매우 당황스러웠다. 좋은 터에 세워진 납골당이 그래서 더 흉물처럼 보이는 것이었을까. 크게 지은 납골당이 오히려 자연경관을 훼손하는 것으로 보였다. 더구나 자연과 잘 어울리게 가꿔진 종중산의 산소들을 파묘해서 납골당을 만들었으니 더 안타까울 수밖에 없었다.

이 납골당을 본 후에도 나는 자주 이런 일을 접했다. 예컨대 수백 년 동안 어느 가문의 선산이었던 좋은 터가 경매에 나오곤 하는 일이 잦아졌다. 사연을 유추해 보건대 번거로움을 덜기 위해 후손들이 종중산을 파묘해서 납골당을 만들거나 산소를 한곳으로 몰아 놓아서 그동안 복을 짓던 터가 없어졌으니 마치 전기 제품의 플러그를 뽑아 버린 것처럼 된 것이다.

잘되던 사업이 엎어지고 집안에 갑자기 재앙이 닥치니, 살림을 잃어 마침내 조상의 유택이던 선산이 경매로 넘어오는 것으로 볼 수 있다. 퓨즈가 나가서 전원이 끊어지면 모든 전기제품이 멈춰 버리듯이 이런 경우에는 조상의 동기감응이 일시에 차단되면서 누리던 복록이 순식간에 사라져 버리는 것으로 보는 것이다. 혹은 선산의 지분을 가진 종중의 일원이 사업적으로 어려워지면 종중산의 지분이 경매로 나온다. 상속법으로 인해 모든 자식에게 유산이 1:1로 배분되기 때문에 빚어진 일이다.

이런 경우가 다른 한편으로는 좋은 터를 구할 수 있는 절호의 기회가 되기도 한다. 세상의 풍속이 변하면서 계층 변화가 일어나는 한 단면을 보는 것 같아서 마음이 석연치 않았다.

산소는 세월이 흐르면 잊히기 마련이다. 자손들이 찾아가지 못하면 풀과 나무가 들어서고 다시 자연의 상태로 돌아간다. 한 해만 벌초를 못 해도 빽빽하게 수목이 자라고, 몇 해가 지나면 흔적도 찾아보기 힘들 정도로 변하는 것이 자연친화적인 우리의 전통적 장묘 제도이다.

# 사촌은 데리고 다니지 마라

언젠가 영천 채약산 자락에 자리 잡은 달성 서 씨 문중 산을 둘러볼 일이 생겼다. 나와 함께 답산을 다니던 풍수마루 회원 중에 시댁이 서 씨 집안인 김해 김 씨 삼현파 아주머니가 있었다. 뭔가 답답한 일이 있는 가운데 말을 꺼내지 못하다가 모임의 총무를 맡은 처자에게 얘기를 털어놓은 모양이었다.

그때 나는 풍수마루 회원인 정원구 씨가 모친상을 당해서 영천댐 위쪽에 자리 잡은 선산으로 산역을 나갔었는데 총무가 마침 연락을 한 것이다. 총무는 아무개가 시아버지 산소를 좀 보이고 싶다는데 장소가 가까우니 시간을 낼 수 있을지를 물었다. 시간이 된다 하고, 영천 임고면 쪽에 있는 산소를 보러 갔더니 달성 서 씨 문중인 아주머니의 부군이 나와 있었다.

부친의 터를 보니 수맥에 물렸다. 이장이 불가피했다. 문중에 다른 산이 있다고 해서 영천 채신공단 뒷산을 둘러봤다. 산의 경계를 잘 알 뿐만 아니라 부군과도 친분이 두텁다는 종당간, 즉 집안의 아저씨와 조카 사이인 사람이 따라왔다.

영천시 금호읍에 봉동이라는 지명이 붙은 동네였다. 평지로 내려앉은 산자락이 길게 북쪽을 바라보고 뻗어 있었다. 능선을 따라 이미 많은 산소가 있었다.

산줄기를 따라 걷던 중에 능선 위에서 큰 터를 봤다. 내가 오솔길과 맞물린 터를 설명하는데 종당간이라는 사람이 말을 잘라먹고 나섰다. 이 산줄기 아래는 그 유명한 서침의 장남이 묻혀서 여기는 어느 누구도 산소를 쓸 수가 없다는 것이었다. 앞에서 말했듯 서침은 세거지를 나라에 바치고 팔공산 자락의 상중심을 찾아 근거지를 옮긴 당사자로, 스스로 풍수에 밝은 인물이었다. 그 아들이라면 600여 년 전에 이곳으로 터를 찾아 묻혔다는 얘기다.

일산일혈一山一穴의 큰 터임을 직감했음에도 불구하고 나는 더 말을 보탤 수가 없었다. 그 사람은 일을 도와주러 온 것이 아니라 오히려 방해가 되었다. 문중 산을 보살핀다는 명목으로 좋은 터가 쓰이는 것을 견디지 못하는 분위기였다. 앞뒤 사정이 느껴지는 가운데 덤불과 잡목이 우거져서 분간이 안 가는 터를 가리키면서 여기에 터를 잡겠다고 하니 겨우 허락할 것 같은 눈치였다. 반신반의하는 가운데 날짜를 잡고 파묘를 하고 이장을 했다.

그 아주머니의 시아버지가 돌아가신 후 4형제 중에 맏아들과 맏며느

채약산 자락의 달성 서 씨 선산에 잡은 터.
비단 띠를 겹겹이 둘러 세운 것처럼 백호 안산이 돋보인다.

리가 갑자기 세상을 뜨고, 곧이어 둘째 아들이 세상을 등지자 셋째 며느리였던 아주머니는 이러다가 남편을 잃을지도 모르겠다는 불안감에 사로잡혀 있었다. 어릴 때 할머니 산소가 잘못되는 바람에 집안이 어려움에 빠졌다고 친정어머니가 탄식하는 소리를 귀에 박히도록 들었던 이 아주머니는 감히 시아버지의 산소를 옮겨서 이 연쇄적 악연으로부터 벗어나야겠다고 생각했던 것이다. 파묘를 했더니 역시 물이 들어차 있었다.

모란주봉 형상의 둥근 바위로 된 학정鶴頂, 즉 학의 정수리 아래에 잡은 이장 터는 주변의 나무를 쳐내자 환한 모습을 드러냈다. 보현산 뒤에 뿌리를 둔 채약산의 이 터는 멀리 보현산을 마주 보면서 봉황이 날개를 펴고 고개를 쭉 내밀어 날아오르는 형국이다. 그리고 들판에 나지막하게 아주 긴 띠처럼 생긴 백호가 겹겹이 에워싼 모양이다. 안대도 아주 편안했고 수구막이가 튼튼했다. 제후가 묻힐 만한 능지陵地라 해도 손색이 없을 정도로 국세가 큰 터였다.

아주머니의 걱정이 정성스러운 준비와 인연을 만들었고, 마침 서 씨 문중의 산중에 그 좋은 터가 수백 년 동안 수많은 풍수의 눈길을 피해서 쓰이지 않고 숨어 있었기 때문에 가능한 일이었다. 그도 그럴 것이 능선은 발이 없이 길게 뻗은 데다 결인처가 보이지 않았다.

능선의 꼭대기로 이어지는 산길로 사람들이 빈번히 드나들고 장비가 오가면서 원래 있었던 토채가 허물어진 것이었다. 단단한 바위가 산길의 가운데 자리 잡았는데도 쉽게 눈에 띄지 않았다. 작은 것을 크게 보고 큰 것도 가볍게 보아야 한다는 말이 새삼 떠오르는 지형이었다.

산소가 모양이 갖춰지고 잔디가 살아나자 집안에서 난리가 났다. 시기와 질투가 쏟아진 것이다. 길잡이를 맡았던 사촌은 문중의 핍박 속에서 발뺌을 하느라 터에 대해 험담을 할 수밖에 없었으리라. 그래서 터를 볼 때는 특히 사촌은 데리고 다니지 말라는 말이 있다. 배 아픈 사촌은 두고두고 속을 썩이니 하는 말이다.

이 때문에 종당간을 옆에 두고 터에 대한 설명이 잘린 와중에 내가 상주에게 특별히 터에 대해 설명할 기회마저 놓치고 말았다. 그래서 지금도 정작 자식들은 그 터가 그렇게 좋은 줄도 모르고 지낸다. 다만 효성이 지극한 셋째 아들이 산소를 정성스럽게 가꿔서 터가 더욱 빛나고 있을 따름이다.

# 고을군수가 염원

문화재 일을 하는 정 선생의 부친은 보현산 북쪽인 청송에 살았다. 부친은 지극한 정성으로 동네 풍수 영감을 모셔서 터를 하나 얻었다. 나름대로 지역에서 이름깨나 알려진 풍수 영감은 부친의 정성에 감동한 나머지 보현산 자락에 터를 하나 잡아 준다. 그곳에 조부를 모셨다.

풍수 영감은 "고을 군수 하나는 나올 것"이라며 생색을 냈다. 부친은 이 한마디에 온 마음을 걸었다. 영천 횡계서원이 있는 횡계리는 오천 정씨의 세거지였다. 부친은 터를 얻은 후에 원래 근거지인 횡계리로 돌아왔다. 이곳에서 형제 둘을 낳아 길렀다.

아버지의 염원은 자식들에게 그대로 전달되었다. 마침내 첫째 아들은 행정고시에 합격해서 고위 공직자가 되었다. 풍수 영감이 얘기하던 고을 군수급 직책은 이미 넘어섰다. 둘째 아들은 어렵다는 문화재 고시에 늦깎이로 합격했다. 옛날로 치자면 형제등과를 한 셈이다. 아버지는 염원을 이룬 것이다. 어려운 처지였지만 평생의 노력으로 당신이 원하던 바를 이룬 것이다. 터를 잡아서 씨갈무리를 하고 마침내 소원 성취를 했다.

그 둘째 아들인 정 선생이 풍수마루 모임에서 나와 인연을 맺었다. 부친이 돌아가시면서 생전에 부친이 잡아 두었다는 터를 가 보았다. 밭에 잡아 둔 터는 온전하지가 않았다. 상황이 급박해서 할 수 없이 그 터에 좌향을 잡아서 우선 모시기로 결정했다.

풍수마루에서 안목을 가다듬은 정 선생은 조금 더 욕심을 냈다. 좋은 터를 찾아볼 요량으로 함께 주변을 더 둘러봤다. 정 선생은 좋은 터를 얻기 위해 현재 숨고르기를 하는 중이다.

이 사례는 부친의 지극한 염원이 성취되면서 한 집안이 튼튼히 뿌리를 내리고 기반을 잘 닦은 경우라고 할 수 있다. 즉, 터를 잡아서 염원을 세우고, 필생의 노력으로 집안의 운명을 바꾼 성공적인 사례인 셈이다.

# 한 번의 대화로
# 모든 문제 해결

의성군 가음면 현리에서 대대로 살아온 광산 탁 씨네는 부친이 8남매를 두었다. 교육자이자 정치인이었던 아버지는 생전에 두 집 살림을 살았다. 6형제에 딸이 둘 더 있었다. 모두가 화장을 하자고 했지만 넷째 아들이 유독 매장을 주장했다.

혼란스러운 와중에 넷째의 주장에 따라 부친은 공원묘지에 묻혔다. 이 넷째 아들은 자신에게 닥친 어려움이 지나가자 곧 바로 공원묘지에 계신 부친을 선산에 제대로 모시고 싶어 했다. 부친이 돌아가신 후 3년 사이에 형제 중 한 사람이 세상을 떴고, 집안의 모든 일들이 어려워졌기 때문이기도 했다.

광산 탁 씨네는 인근 배미산 골짜기에 여기저기 선산을 가졌다. 이장할 터를 찾아 달라는 부탁을 받고 선산을 살펴봤다. 배미산 중턱에는 고조부모 산소가 있고, 증조부모 산소와 조부모 산소가 마을 입구 길가에

석축을 쌓아 제 모습을 찾은 옥동독서 형국의 긴박한 터.
마을 진입로에 자리 잡은 터라 잘 관리된 모습이 유난히 돋보인다.

서 바라다 보이는 가파른 산기슭의 야트막한 언덕에 있었다. 마침 조부모 산소 아래쪽에 좋은 터가 비어 있었다. 소나무와 잡목이 들어차서 눈에 잘 안 띄었지만 소쿠리처럼 오목한 와혈의 제비혈 자리였다.

좋은 터를 마련한 넷째 아들은 형편이 어려운 가운데도 50m가 넘는 석축을 2층으로 쌓아 올리고 주변을 정비하는 데 적지 않은 비용을 들였다. 석축을 쌓아서 앞쪽을 정리하고 나니 지나가는 길에서 보더라도 국세가 크고 격조 높은 모양이 그대로 드러났다.

넷째 아들은 사업으로 바쁜 와중에도 산소를 정성껏 돌봤다. 부친 산소와 가까이 있는 조부모 산소와 증조부모 산소까지 넓은 묘역에 잡초 한 포기가 보이지 않을 정도로 수시로 들러 주변을 다듬었다. 산소의 위치가 마을 입구이다 보니 오가는 마을 사람들이 말을 보탰다. 자연스럽게 자식들의 효심이 지극하다는 소문이 동네에 돌았다.

이런 와중에 넷째 아들이 대구 범어동에 벌인 아파트 사업이 잘 성사되었다. 최근에 있었던 아파트 분양에서 하루 만에 100%가 모두 팔려 나가는 성황을 이뤘다. 한 번의 개화로 모든 어려운 사정이 한꺼번에 해결된 셈이다.

# 쌓인 재물이 문제

시집을 왔는데 시댁 살림이 어려웠다. 생각다 못한 며느리가 조그맣게 가내 공장을 열어 돈을 벌기 시작했다. 그 조그만 공장이 자동차 부품회사가 되었고, 공장을 네 개나 가진 중견기업으로 성장했다.

그 며느리는 1남 1녀를 두었으나 아들은 손녀만 셋이고 손자가 없었다. 아들은 학자 스타일에 가까워 경영에는 생각이 전혀 없고 자식을 더 낳을 생각도 없었다. 며느리가 오히려 경영에 관심을 가졌다. 풍수에서는 이런 집안을 양자를 들여야 할 전형적인 집안으로 꼽는다. 재물은 풍부하고 대를 이을 아들은 없는 형편이다.

두 노인네가 갈 자리를 봐 달라는 기별을 전해 왔다. 전해 들은 집안 내력은 이러했다. 집안을 일으킨 안주인의 시아버지는 6형제의 셋째였는데, 어린 나이에 고향 일가에게 양자로 들어갔단다. 양자로 들어간 집에 딸들이 많으니 말로는 양자였지만 그 집안에서 머슴처럼 대접하니 그렇게 지내기가 싫었다고 한다. 친가로 돌아갈 수도 없었던 시아버지는 일본으로 도망을 간다.

다시 귀국해서는 고향으로 돌아가지 않고 타지에 살림을 차렸다. 자연스레 친가만 드나들고 양자로 들어간 집과는 인연을 끊었다. 세월이 흘러 양자로 들어갔던 집에서 토지 몇 필지를 시아버지 앞으로 등기를 해 줬는지 그 땅에서 재산세 고지서가 날아오기 시작했다. 땅이 어딘지도 모르니 재산세를 내다가 말다가 했고, 제사도 안 지내다가 시아버지가 돌아가셨다.

시아버지가 돌아가신 후에 안주인의 활동이 활발해진다. 시아버지 쪽의 직계 조상들은 유전적으로 양호해서 자손이 많았다. 그런데 이 시아버지를 모신 묘터가 또 다시 정남향으로 앉은 데다 어머니 방향의 산이 좋아 며느리가 살림을 일으킬 형세였으나, 물이 빠져나가는 방향과 형세가 좋지 않아 절손될 운명을 지었다. 양자로 들어갔으니 유전적으로나 혈통적으로는 전혀 연관이 없는데 그 집 양자라는 이유만으로 돈은 있는데 자식이 안 생기는 일이 벌어졌다.

여기서 형식의 힘을 보게 된다. 양자로 들어가면 입양 절차를 밟는다. 조상에게 양자로 들어왔음을 고하고 호적에 올린다. 이런 사정을 알고 나서, 형식이나마 지금이라도 파양 절차를 밟아서 인연의 고리를 끊고 묘터를 바로잡아 절손의 위기를 면하는 것이 어떻겠냐고 권유했다. 절심함이 덜했는지 당장은 연락이 없었다.

내가 잘 알고 지내는 하 아무개의 처갓집도 3대째 양자 집안이었다. 장인, 처남 모두 양자로 들어왔다. 조상 산소를 살펴보니 정남향에 재물을 상징하는 창고사, 즉 곡식을 쌓아 놓은 듯한 모양의 산이 병풍처럼 손에 잡힐 듯이 자리 잡았다. 손이 끊어지면 그것으로 끝이어야 했는데 재물에 해당하는 방향으로 어마어마한 돈이 쌓이니 문제였다. 돈은 있고 자손은 없으니 결국은 양자를 들인다.

필연의 고리처럼 이런 상황이 반복해서 이어지는 모습을 접하니 인생살이와 엮여서 돌아가는 풍수의 원리가 새삼 묘하게 느껴지지 않을 수가 없었다.

# 깃땅 안쪽의 절터

10여 년 전이었다. 청도군 매전면 지전리에 절을 짓고자 터를 마련한 스님이 터의 감정을 의뢰하면서 내가 알고 지내던 해인사 강원講院의 두 스님을 모시고 왔다.

출가한 지 얼마 안 된 스님이 터를 잡고, 토목공사까지 진행한 땅을 둘러봤더니 산이 지나간 뒤의 흉지였다. 터를 버리라 했더니 자기가 봐 둔 터가 있다면서 한 군데 더 보여 줬는데 그곳도 아니었다. 나는 일행을 가까운 육화산 계곡으로 데리고 가서 5,000여 평의 산자락을 사서 절터로 삼으라고 일러 주었다. 스님은 내가 일러 준 대로 고성 이 씨네 산을 분할해서 매입했다.

새로 산 대지의 입구에는 장연사長淵寺라는 오래된 절터가 있었다. 탑과 당간지주가 남은 이 터는 신라 시대 때 절이 있던 곳으로 추정되었다. 운문댐에서 내려온 동창천이 동곡을 거쳐 매전면 장연리에 오면, 삼

절의 담장 너머로 호승예불 형국의 안산이 단정하게 자리 잡고 있다.

족대가 있는 개울부터 폭이 넓어지고 장연사의 뒷산이 개울을 급격히 되돌려 흘러가게 한다. 그러다 보니 계곡 전체가 긴 못처럼 생겨 '산태극수태극山太極水太極', 즉 산줄기와 물이 굽이져 태극 모양을 이루는 형세인 온막마을이 만들어진다. 고성 이 씨 집성촌인 이 마을에서는 걸출한 인재가 많이 나왔다.

이곳의 형세를 떠나가는 배의 형상인 행주行舟형이라고 보면 장연사가 들어선 언덕은 깃땅, 즉 돛대를 뜻한다. 깃땅은 긴 못長淵을 거스르는 형국이다. 새로 잡은 절터에서 바로 보이는 안산이 단정히 앉은 부처님 모습이라, 호승예불胡僧禮佛의 형세라 할 수 있다.

물이 빠져나가는 파구 쪽에는 일자로 들어선 산이 가로막아서 물을 머물게 하고 개울물이 길게 멈춰 서도록 만들었다. 산과 물이 처음 만나는 것이 선보는 처지라면, 물이 빠져나가는 장소는 산과 물이 어우러져서 사무치는 곳이다. '상락지처 인소불상견相樂之處 人所不相見'이라 물이 만나 어울리는 좋은 장소는 보이지 않아야 한다.

이 터를 잡은 후에 스님은 다른 사람들을 불러서 터를 보이고 평가를 받곤 했던 모양이다. 그리고 백호가 약해서 보완을 해야 한다는 둥 엉뚱한 소리를 했다. 나무를 자르고 중심을 잡아서 절을 앉힐 전후좌우를 맞춰 주고 나니 군소리가 없어졌다. 얼마 후 터에 들렀더니 일러 준 그대로 가람 배치를 해서 절을 잘 지어 놓았다.

호승예불은 '큰 공부'를 상징한다. 그런 만큼 언젠가는 터에 걸맞은 큰 선지식(지혜와 덕망을 갖춘 승려)이 출현할 것으로 기대해 본다.

# 계란껍질 같은 터

경남 통영에 들렀을 때 미륵산 케이블카를 타고서 조망을 즐기다가 거제도 쪽을 바라봤더니 큰 산들이 힘차게 일렁이는 모습이 눈에 들어왔다. 언젠가는 가서 저 산세를 한번 더듬어 봐야겠다고 생각했었다.

솟대 조각을 하는 무운선생을 따라 놀러갔을 때 일이었다. 하루 더 머물러 그 이튿날 통영에서 봤던 용을 따라 길을 다잡아 좇아갔다. 맥을 좇아서 학동을 거쳐 끝까지 따라가 보니 산세가 기가 막히게 좋았다.

산 이름이 가라산加羅山이었다. 비단보다 더 고운 산이었다. 곱기만 한 것이 아니라 육지에서도 보기 힘들 정도로 산세가 웅장했다. 청룡과 백호가 아주 완벽하게 균형을 맞춘 가운데 앞바다가 수구 앞의 못처럼 보였다. 바로 앞의 장사도長蛇島가 안산처럼 편안하게 앉아 있었다. 이렇게 갖춘 터의 정혈이 비어 있었다.

가라산이라는 아름다운 이름과는 어울리지 않게 동네 이름은 멧돼지

거제도의 가라산은 청룡백호가 잘 갖춰진 터로 앞쪽 바다 건너의 장사도가 안산의 역할을 한다.

를 뜻하는 저구리猪仇里였다. 뱀을 잡아먹는 돼지를 동네 이름으로 삼아서 장사도의 살기를 눌러 주는 풍수적 비보 처방을 한 것이란 걸 뒤늦게야 깨닫고 옛 사람들의 재치에 새삼 놀라지 않을 수 없었다.

전통춤을 하는 이귀선 씨의 고향이 거제도였다. 기회가 닿아 거제도 계룡산 자락에 있는 집안 산소를 둘러봤더니 국세만 좋고 허국이었다. 그나마 국세의 좌향 덕에 처음 몇 년은 잘 버틴 것으로 보였다. 이후에 집안 살림이 완전히 허물어졌다고 했다. 이장을 권했더니 1년이 지나서야 기별이 왔다.

부친의 산소를 파묘해서 보니 시신의 얼굴, 특히 귀에 넝쿨이 파고들어 머릿속에 나무뿌리가 꽉 들어차 있었다. 나중에 얘기를 들어 보니 손자 중에 어릴 때 중이염을 앓아 한쪽 귀가 거의 안 들리는 사람이 있다고 했다. 동기감응이 이렇게까지 후손의 신체에 영향을 미치는가 싶어 속으로 깜짝 놀랐다.

미리 보아 두었던 가라산 정혈로의 이장을 권했다. 바위로 둘러싸인 혈자리를 파내면서 놀라지 않을 수 없었다. 혈자리의 광중壙中, 즉 시체가 놓이는 무덤의 구덩이 부분을 파내는데 얇게 생긴 돌들이 혈자리를 계란껍질처럼 감싸고 있었다. 굴착기 대신 손작업으로 광중을 파내니 보드라운 흙이 딱딱한 껍질 속에 들어 있었다. 시신을 묻고 봉분을 올려서

계란을 쪼갠 듯이 보이는 광중의 내부 모습. 작업 당시 무지갯빛의 반원이 돋보였다.
굴착기 대신 손작업만으로 흙을 다뤘다.

제 모습을 갖추자 묘역이 웅장함을 드러냈다.

이 일이 있은 후에 이 집안의 후손 8남매는 제각기 생기를 되찾고 제 갈 길을 잘 헤쳐 나간다는 소식을 전해 들었다. 특히 중이염을 앓던 손자는 프로게이머로 전국적인 명성을 얻었던 과거의 영광을 과감히 버리고 대학에 진학해 학과 1등을 놓치지 않을 정도로 열심히 공부하는 모습을 보여 주변을 놀라게 했다.

가라산에서의 산역을 전후해서 거제도를 수시로 드나들었고, 이 골짜기와 저 골짜기를 둘러보는 중에 큰 터들이 몇 개 더 내 눈에 걸렸다. 거제도는 산세가 웅장한 만큼 큰 터를 군데군데 품고 있던 것이다.

3부

# 풍수는 곰 마음

# 명각(明覺)하면 남의 말이 들린다

나는 2007년 즈음에 비로소 부모님의 산소와 내 집 그리고 몇몇 소점지를 가질 수 있었다. 그리고 1,000년이 가도 없어지지 않을 절을 중창시켰다. 동화사 약수암은 내가 직접 주춧돌을 놓아서 중창한 절터다. 비슬산 대견사도 제자리에 앉혔고, 동화사 칠성각을 바로잡았다. 사회적으로 나를 자리매김하게 하는 객관적 잣대를 세워 나간 것이다.

지창용은 총명하고 학술적으로는 현세에 가장 뛰어난 풍수로 평가받는다. 장익호는 고전 풍수를 공부하고 《유산록遊山錄》이라는 좋은 책을 남겼다. 글은 화려하고 책은 출중했으나, 구기동 바위 밑에 지은 그의 집을 찾아갔더니 터의 마음을 얻지 못한 것으로 보였다.

내 고향 마을 뒤에는 화산이 있고, 화산저수지로 올라가면 비슬산 줄기가 내려앉은 원명마을이 있다. 외갓집 뒷산인 풍산이 장군무수將軍舞袖, 즉 장군이 춤을 추는 형국이다. 춤추는 장군의 소매 끄트머리에 풍각

의령 국사봉 자락에 자리 잡은 장등혈. 국사봉에서 그 아래쪽 봉곳한 부분에 금장실을
복원해 명각제라는 이름으로 공부 거처를 마련할 생각이다.

면이 자리 잡았고 그 터에서 내 조상들이 수백 년을 살았다. 집안의 처음은 왕성했으나 세월이 지날수록 가세가 기우는 원인을 풍수적으로 해석해 내는 일은 지금도 나의 숙제다.

공부가 익어 갈 무렵에 나는 의령에 집터 하나를 얻게 된다. 국사봉에서 내려선 산자락 끝에 자리 잡은 장등혈長燈穴이다. 서동書童이 긴 장대 끝에 호롱불을 매달고 선 형국이다. 그중 호롱불이 있음직한 그 자리에 밭떼기가 있었다.

82평의 조그만 밭을 사들였다. 바위를 등지고 앞으로는 국사봉에서 흘러내린 도랑이 앞으로 내민 바위 아래로 돌아서 흘러내린다. 호롱불 자리에 걸맞게 마당 바로 앞쪽 개울에는 문명의 상징인 한지가 발명된 닥무지 터가 자리 잡았다.

나는 그 터를 얻고 나서 꿈을 꾸었다. 꿈속에서 큰 바위를 안았는데,

하늘에서 빛이 내리쬐면서 명각明覺이라는 글자가 공중에 보이면서 목소리가 들렸다.

"명각을 하면 남의 말을 알아들을 수도 있고 네 말도 전할 수가 있다."

의령의 이 집터는 이런 연유로 자연스럽게 명각제明覺齊라는 옥호를 미리 얻었다. 이런 일이 있은 후로 어눌한 내 말에도 힘이 실렸고, 남이 하는 말도 그 떨어지는 곳이 보이기 시작했다. 이제는 아무리 큰 산을 만나고 처음 보는 산이라 할지라도 두려움이 없고, 가서 보면 보이는 단계에 올라선 것이다.

# 주변 100리가 먹고사는 땅

내가 부모님을 모신 곳은 경주시 암곡동 무장산 기슭이다. 무장산의 한 줄기가 서북으로 진행하다가 서남으로 되돌아 앉은 회룡고조回龍顧祖형이다. 오리온목장 자리인 이곳에 개발 사업을 하러 올라갔다가 보아 둔 자리에 어머니를 모셨다.

소유권을 확보하지 못한 상태에서 이듬해 돌아가신 아버지까지 모셨으니 늘 마음이 불편했다. 그로부터 3년이 지난 후에야 산소를 포함한 1만 3,000평을 형제들이 힘을 모아 사들일 수 있었다. 이렇든 저렇든 좋은 터는 일단 차지하고 나면 그 터에서 쫓겨나지 않고 그 터의 주인이 된다는 말이 그대로 이뤄진 사례다.

토함산이 솟아서 추령고개에서 결인해 올려 세운 산이 무장산이고 무장산의 한 줄기가 뻗어 나가다가 오어사 뒷산을 등받이 삼아 돌아선 곳에 큰 터가 만들어졌다. 토함산에서 포항 운제산으로 가던 중에 허리를

조산인 무장산을 바라보고 편안하게 노니는 물고기 형상의 유어상수형 터.
책상안 뒤로 물이 빠지는 수구의 화표사가 유난히 돋보인다.

거머쥔 듯이 휘돌아선 자리다. 무장사 뒷산은 물이 돌아 나가는 수구에 화표사華標砂로 솟아 있다. 화표사는 물이 빠져나가는 수구에 있는 고운 봉우리를 뜻하는데, 이런 터를 잡으면 후손 중에 한림학사가 난다는 말이 전해진다.

산꼭대기인데도 불구하고 연못이 있고 물길이 멀리 뻗었다. 산중 연못은 큰 터를 동반하기 마련이다. 물형으로는 물고기가 물을 거슬러서 헤엄쳐 올라가는 유어상수遊魚上水 형으로 6km에 달하는 물길이 이어진 끝에 덕동댐과 보문호가 자리 잡았다. 즉, 십리수구라 하여 나가는 물길이 길수록 발복이 오랫동안 이어진다는 것이다. 이 터는 대기만성형으로 발복이 더디고, 상황을 장악하기보다는 주변을 보살피고 융화하는 어진 사람을 낼 자리로 풀이되는 곳이다.

전두환 전 대통령의 조부 산소가 방게의 눈 형상인 해목혈蟹目穴로 산 위의 늪지 아래에 자리 잡았다. 방게의 눈 자리에 쓴 산소로 풍수에서 가장 이상적 형태다. 못재 옆에 있는 이 터에 전 전 대통령의 삼촌이 봉분 없이 밀장한 것을 전 전 대통령이 장군으로 승진한 후에야 비로소 봉분을 만들었다고 알려져 있다.

내가 모친의 산소를 조성한 뒤에 오지 중에 오지이던 이곳에 산악용 자동차가 모여들기 시작하더니 무장산 억새밭이 알려지면서 사람들이 드나들기 시작했다. 그 후에 드라마 〈선덕여왕〉, 〈추노〉, 영화 〈태극기 휘날리며〉 등의 촬영지로 쓰인 후에는 전국적 명성을 얻어 매년 60만 명이 다녀가는 유명 관광지가 되었다. 이제 국립공원 관리사무소가 도로를 통제하고, 산 아래 한산했던 자연 부락인 왕산마을에는 공용주차장이 들어섰다.

터가 쓰임을 받아서 기운을 발휘하면 그 터의 발복으로 주변 100리가 먹고산다는 말을 실감할 수 있었다. 실제로 동네에 기념품 가게가 들어서고 마루를 펴서 미나리전을 부쳐서 팔고, 땅값이 천정부지로 올랐다.

내 집은 용각산 자락이 내려선 청도읍의 내리 마을에 있다. 오랫동안 보았던 터를 공들인 끝에 사들여 살림을 옮겼다. 홑 기와집이었던 안채를 겹집으로 확장하고, 구들을 새로 놓고 일일이 손으로 매만져 다듬었다. 앞집 터를 조금 더 사들여 서쪽으로 들어오던 대문을 동남향에서 들어오도록 담장을 꾸미고 사랑채에는 네 칸 방에 구들 하나로 난방을 할 수 있도록 고쳤다.

아직 모양은 허술하지만 성각제省覺齋라는 현판을 달아 당호로 삼았

청도 용각산 자락에 있는 집터인 성각제. 이곳을 거처로 삼아 전업 풍수로서의 경력을 차곡차곡 쌓아 가고 있다.

다. 원래 스님은 당신이 사용하던 혜종원慧鍾院이라는 당호를 물려주었지만 당신이 아직도 사용하기 때문에 내가 당호로 쓰기보다는 명함에 사용하는 정도다. 나를 중심으로 한 답산 모임인 풍수마루가 이미 연륜이 쌓였기 때문에 당호로 풍수마루를 사용할까 생각도 했지만 지금은 성각제로 확정하고 사용하는 중이다.

해가 떠오르는 동쪽 봉우리를 가리키는 일봉이라는 호도 스님에게 받은 것이다. 호를 얻고 난 후에 어머니의 태몽이 생각났다. 안개가 자욱한 냇가에서 엄청난 양의 군복을 빨다가 중천에 해가 떠오르는 꿈을 꾸고는 날 얻었다고 했다.

금장실을 옮겨 지어 풍수를 공부하고 연구하는 거처로 삼고자 했던, 의령 국사봉의 장등혈에 지을 건물의 당호는 명각제明覺齊로 정했다. 글자 뜻 그대로 명명백백하고 밝은 깨달음을 얻고자 함이다.

# 밀장된 자골(磁骨)이 부른 백골죄

땅 밑에 묻힌 유골은 시신의 상태에 따라 잘 썩은 부골, 불에 탄 듯이 검어진 흑골, 하얗게 변한 백골, 황토빛으로 변한 황골 그리고 도자기처럼 투명하고 쟁쟁한 자골로 구분된다. 백골부터 좋은 것으로 꼽는다. 황골도 드물고 귀하다. 자골은 풍수를 직업 삼아도 볼 기회가 거의 없어 말로만 전해 들을 뿐이라고 했다.

내가 풍수의 이치를 깨치고 이태도 지나지 않아서였다. 인연을 대어서 어느 온라인 게임 회사의 사장 쪽에서 집안일을 봐 달라는 기별을 받아 전남 화순의 어느 마을에 내려갔다. 통정대부 벼슬을 했다는 입향조를 모시는 집안이어서 서북향의 종중산에 모신 상주의 모친 산소를 살폈다. 좋은 터에 태극훈이 만들어진 수맥 사이에 산소가 걸쳐져서 이장을 권유했다. 모친의 산소 가까이에 산등성이로 오르는 길 가운데에 자리 잡은 큰 터가 눈에 들어왔다. 그렇게 날짜를 잡아서 이장을 하게 되었다.

파묘를 하니 수맥에 노출된 머리와 발목에 화염이 들어 새까맣게 타서 뼈가 노출되어 있었다. 시신의 나머지 부분에는 훈기가 돌면서 수의가 썩지 않고 미라처럼 변해 있었다. 터가 좋으니 기운을 받아서 시신이 미라로 변한 것으로 여겨졌다. 길 가운데 터를 잡고 굴착기를 불러 혈처를 일러 주고 천광을 위해 땅을 긁어내게 했다.

한참을 그러던 중에 인부들이 웅성거렸다. 길 위에 잡은 터에서 유골이 나왔다는 것이다. 달려가 보니 얕은 깊이에 과연 유골이 정갈하게 누워 있었다. 수습하게 해 살펴봤더니 수습된 뼈가 도자기처럼 투명하고 쟁쟁한 모습이었다. 부딪치는 소리마저 챙챙 거리며 맑은 소리를 냈다. 전설같이 말로만 듣던 자골을 처음 접한 것이다.

인부들이 30전(cm) 깊이 땅속에서 발가락까지 온전한 유골을 수습해 거뒀다. 아차! 잘 모셔진 유골을 파헤친 꼴이 된 셈이다. 내 밝은 눈이 혈처를 찾아내기는 했는데 그 탓에 그 터를 알아보고 밀장을 했을 오래된 유골이 세상에 드러난 것이었다. 수백 년이 그렇게 흘렀으리라. 오늘 용한 풍수를 만나서 잘 모신 유골을 파헤친 것이다. 전후 사정을 깨닫고 나니 가슴이 답답해졌다. 수습된 유골 앞에 엎드려 절을 하고 예를 갖추었다.

서둘러 터 잡기를 마무리하고 나서는 저쪽으로 인부 중에 맏이 노릇하는 이를 따로 불렀다. 폐백으로 받은 돈을 그대로 건네주면서 "어디 모시고 가서 잘 묻어 주라"고 하고는 도망치듯이 그 자리를 빠져나왔다.

그 일이 있은 후로 나는 뜻하지 않은 고초를 잇달아 겪었다. 남의 송사에 휘말려서 의외의 형벌을 받고 한 달 동안 고생해야 했고, 벌린 일들이 무슨 난리나 난 것처럼 허물어지고 깨어져서 아주 거덜이 났다. 말로만 듣겠거니 했던 백골죄를 내가 그렇게 온전히 치를 줄은 미처 몰랐던 것이다.

## 혈처는 공허한 것

무릇 혈처란 주위에 연분이 있는 모든 지형지물의 특성을 암묵적으로 품는다. 마치 양파의 껍질처럼 주변의 인연으로 감싸여 있다. 하지만 정작 혈처는 기운만 가득할 뿐 공허하고 텅 비어 있기 마련이다. 여기에 어떠한 연분의 동기가 부여되어야 혈은 비로소 살아서 생동하며 세상만사와 인간사에 치고 들어와 변화무쌍한 영고성쇠를 감당한다. 천지자연은 평등 무자비하다. 천지자연은 절대로 분별심이 없고, 자비심이 전혀 없다. 오로지 자연현상만이 존재할 따름이다.

낙차가 크면 물은 우렁찬 기세로 내리꽂히고 평지를 만나면 머무르는 것이 자연현상이다. 거센 물결은 배를 뒤집기도 하고 둑을 무너뜨리기도 한다. 자연현상은 이처럼 인간들의 어려운 사정을 살피지 않는다. 사람을 가리지 않고 누구에게나 그저 평등하게 대하는 것이 자연이다. 때로는 무자비할 정도로 냉혹하게 닥치는 것이 바로 자연이다. 다만 그 현상

절개지 위쪽 지표 가까이에
타원형의 혈처 단면이 보인다.

혈처 단면을 확대한 모습.
혈처 주변을 암석이 감싸고
있는 듯한 모양이다.

을 이렇게 내 앞에 가져다 놓느냐 하는 것이 바로 풍수의 이치다.

내가 자연현상에 편승하는 것이지 내가 자연현상을 뒤집을 수 있는 것이 아니다. 자연의 순리를 따라가면서 그 기운에 올라타는 것이 풍수일 따름이다.

전남 진도로 건너가는 연육교를 건너자마자 길이 갈라지면서 입체 교차로가 나온다. 그곳에 산을 잘라 놓은 절벽이 오른쪽 앞에 보인다. 그곳에 땅속에 묻힌 전형적 혈처의 단면이 그대로 드러나 있다. 도로 공사 중에 우연히 혈처의 단면이 드러난 것이다. 지표 가까이에 단단한 바위로 둥글게 겹겹이 둘러싸인 혈처의 모양이 고스란히 드러났다. 마치 양파를 잘라 놓은 단면처럼 보인다. 신기한 것은 혈처를 둘러싼 겹겹의 바위 층을 두 손으로 받쳐 든 듯이 보이는 광맥들이 혈처를 중심으로 동심원을 그린다는 점이다. 전체적인 형상을 살펴보면 혈처를 주변의 암반들이 받들고 있는 듯이 보인다.

평지 속에 묻힌 저런 모습의 혈처를 찾기 위해 좌청룡 우백호가 어떻고 결인이 어떻고 가는 용 오는 용을 따졌던 것이다. 방위를 정하고 수맥을 짚는 모든 이치들이 결국은 땅속에 숨은 혈처를 찾기 위한 방편에 불과한 것이다.

땅속을 무 자르듯 싹둑 잘라서 살펴볼 수 있다면 혈처를 찾기가 쉽겠지만, 평지 위에 풀과 수목이 자라고 또 빗물이 흘러 지나가고 스며드는 복잡한 과정을 겪은 후에 혈처의 흔적을 찾아서 제대로 짚어 낸다는 것은 참으로 어려운 작업이 아닐 수 없다.

# 가야산의 풍수 형국은 사군자

경남 합천의 가야산은 마치 하늘에서 내려온 신선이 사군자四君子, 즉 매화, 난초, 국화, 대나무를 그리는 형국이다. 매화 자리는 비어 있고 난초 자리는 장경각으로 팔만대장경이 들어앉았다. 국화 자리는 비어 있다. 대나무 혈 언저리에는 용탑선원과 홍제암이 자리 잡았는데 이곳에는 사명당과 용성스님이 기거했던 것으로 알려졌다.

이곳에서 근세 한국 불교를 대표하는 스님들이 배출되었다. 지관스님, 현웅스님, 세민스님이 이곳 출신이다. 도장 자리, 즉 낙관 자리는 백련암이다. 백련암 앞마당에 놓인 바위를 도장바위라 부른다. 백련암은 성철스님이 머물던 곳이다. 주인공인 화공으로 내려선 신선 자리, 말하자면 가야산의 정혈도 비어 있다.

가야산伽倻山이라는 글자를 풀어 보면, 가伽는 '절 가' 자로 스님들이 모여 사는 집을 뜻한다. 야倻는 '땅이름 야' 자다. 스님들이 집을 짓고 어른이 나타날 때까지 기다린다는 뜻을 내포한다. 화공으로 쓸 주인 자리를 비워 두고 세상을 그릴 사람을 기다리는 중이다. 기다리는 중이라 함은 아직 쓰임을 받지 않았다는 뜻이다.

예언서인 《정감록》에서도 계룡산 다음으로 가야산이 도읍이 되는 미래가 묘사되는데, 조 씨 500년 도읍이 가야산에 들어선다는 내용이다. 가야산이 풍수적으로 여러 갈래로 해석될 뿐만 아니라 미래를 위해 보류된 길지임을 상징하는 대목이다.

가야산의 행정동 명칭은 치인리이다. 치緇는 먹물을 뜻한다. 치인은 먹물을 들인 옷을 입는 사람, 즉 스님을 뜻한다. 풀이하면 스님의 동네라는 뜻이다.

# 문지방 이야기

‘문지방을 밟지 마라.’ 옛 어른들이 늘 하던 말이다.

우선 문지방은 공간에 경계를 만들어 구분 짓는 구실을 한다. 문지방을 밟는다는 것은 양다리를 걸친 상태를 일컫는다. 실제로 문지방을 밟고 서면 어정쩡하게 양다리를 걸치는 심성이 싹튼다고 한다. 서원의 대문 문지방은 넘어가야지, 밟고는 못 지나간다는 불문율이 있다. 풍수에서 문지방은 바깥과 안쪽을 동시에 인지할 수 있는 위치라고 본다.

문지방을 밟고 올라선다는 것은 욕심이 많아지고, 결단력도 없어지고, 아무 데나 간섭하려는 마음이 생길 것이라고 보는 것이다. 다시 말하자면 문지방은 정확하게 자리 가림을 하는 것을 뜻하고, 명확한 구분력과 정정당당한 품성을 상징한다고 볼 수 있다.

공간의 구분이 없어지면 너와 나의 분별도 없어진다. 남녀의 구분과 장유유서도 없어지고 무질서한 세상이 온다. 아파트에는 문지방이 없다.

있어도 형식적 수준에 불과하다. 세태가 그렇게 변했다. 남녀의 역할이 바뀌고, 부모가 자식을 받들고, 위아래가 없어진 세상 이치는 문지방이 없어지면서 이미 예견된 결과라고 보는 것이다.

공자를 모신 향교의 출입문은 문 자체가 낮고 작은 데 비해 문지방을 높게 만들어 놓았다. 그 문으로 들어서려면 반드시 고개를 숙이고 앞발을 정확하게 들어야 비로소 대문 안으로 들어설 수 있다.

그래서 풍수를 환경공학이라고도 한다. 어떤 환경 아래서 습관이 쌓여 운명을 바꿔 놓는 것이다. 풍수는 출발점이 호리지차毫釐之差, 즉 머리카락 같은 미세한 차이일지라도 그것이 10리 밖에서는 하늘과 땅으로 갈라진다고 했다. 문지방을 밟는 것과 넘는 것의 차이도 그와 같을 것이다.

붓글씨를 쓸 때는 붓을 오른손에 잡고 오른쪽에서 왼쪽으로 글을 써나간다. 이 모습도 풍수의 원리와 무관하지 않다. 안쪽으로 굽은 팔이 흐름을 거두어들이는 자세로 방향을 잡아 글씨를 쓴다. 서방으로 빠지는 물을 백호 쪽의 날개로 거두어들이는 형국이다.

지구의 자전으로 기운은 왼쪽에서 오른쪽으로 회전한다. 오른쪽에서 왼쪽으로 글씨를 써나가는 순서는 그렇게 흐르는 기운을 끊임없이 거두어들이는 자세다. 물에 먹을 풀어 글씨를 쓰는 행위도 기운을 거두어들이는 방향으로 움직이는, 몇천 년 동안 우리가 반복해 온 복을 짓는 행위로 해석된다.

## 대학에서 가르치는 풍수

동서양 비교철학을 전공한 경기대학교 박연규 교수가 대학원에 풍수지리학과를 개설한 적이 있었다. 학과를 운영하면서 자료 축적을 통해 풍수학에 이론을 세우고 학문적 논리성을 부여하기 위한 목적이었다. 나는 오랜 교분이 있었던 하기락 박사와 인연이 깊은 박 교수를 비교적 쉽게 만날 수 있었다. 그런데 학과 개설 후 몇 년이 지났으니 자료도 얻을 겸 찾아간 터에 엉뚱한 대답을 들어야 했다.

첫째, 어떤 일치하는 방법이나 이론이 없이 100이면 100 사람이 모두 각자가 다른 방식을 가졌더라는 것이었다. 더군다나 논리적 합리성이 전혀 없어서 풍수를 학문으로서 체계화하는 것이 불가능하다는 사실을 확인하는 데 그쳤다는 것이었다. 둘째, 나름대로 이름 있는 풍수들은 각자 갈고 닦은 강력한 자기 방식을 가져서 좀처럼 의견을 조정하려 들지 않는다는 것이었다.

이런 이유 때문에 박 교수는 학과를 폐지하기로 방향을 잡았다고 했다. 여기서 풍수 황영웅을 소개받았다. 비교적 논리적인 풍수 이론을 세우려고 노력하는 사람이라면서 그를 소개한 것이다.

그는 안양에 있는 절의 속가스님이었다. 안양으로 찾아가 그를 만났다. 밤길이라 정확하게 보지는 못했지만 우선 사는 절집이 내 방식과는 달랐다. 풍수 자료를 얻으려 왔다 하니 자기가 출강하는 영남대학교 환경대학원에 있는 제자를 소개해 주면서 책을 만드는 중이니 거기서 자료를 받으라고 알려 주었다.

황 교수는 우선 에너지장에 관한 이론서 한 권을 건네주면서 곧 나올 두 번째 책을 제자들이 정리 중이니 영남대학교에 있는 아무개를 찾아가서 구해 보라고 했다. 좌표 도식과 수학 공식이 나오는 그 이론서는 과연 논리적 합리성을 세우고 이론적 근거를 만들어 냈는지는 모르겠지만, 이것이 실제로 터를 찾고 활용하는 데 어떤 도움이 될까 싶었다.

몇 년이 지난 후에 그를 뉴스에서 보았다. 김대중 전 대통령의 동작동 국립묘지 터와 김영삼 전 대통령의 터를 잡는 모습이 생중계되면서 화면으로 그를 다시 본 것이다.

# 반풍수가 집안을 잡아 나가는 방법

풍수법은 원래 금낭경이라 하여 비단 주머니에 감춰 놓거나 금합에 넣은 다음 서고에 숨겨서 일반인의 접근을 막아 왔다. 그러나 글 이전에 산의 상황이 있고, 그 상황은 사람의 운명이나 얼굴처럼 천변만화하는 것이니 이것이 내가 깨우친 자연의 섭리이다. 묘한 것은 마음의 눈이다.

묘재심목妙在心目이고 심목불명心目不明이니 어찌 형상과 기운을 살펴 내겠는가. 마음의 눈이 터득이 되면 모든 것이 명명백백하게 드러나게 마련이다. 마음의 눈이라고 했으니, 애매모호하고 각 개인에 따라 주관적 해석이 가능하다는 것이고 객관성이 전혀 없다고 할 것이다.

막상 터득하고 나면 해가 뜨고 지는 것처럼, 해가 지면 달이 떠오르고 달이 지면 해가 올라오듯이 불변의 이치가 눈에 보이고 마음으로 느껴진다. 이래야 가히 풍수쟁이라 이름 지을 수 있을 것이다.

산이 죽고 사는 이치가 바로 터가 만들어지는 이치이니, 상황은 다르지만 이치는 하나로 연결되고, 터를 만들어 놓고 보면 산이 있고 물이 들어오고, 자리에 앉으면 온 천지의 주인이 된 듯한 느낌이 든다.

섞여 있을 때는 모르는데 이치를 터득한 풍수가 자리를 정해서 잡아주면 비록 깨치지 못한 범인이라 할지라도 느낌만으로 알아차릴 수 있는 것이 터다. 보물을 밟고, 손목에 감고, 머리에 이고, 허리에 차고 있어도 그것이 보물인지 모른다.

글공부로 풍수를 익힌 사람은 먼저 글로 눈을 뜨고, 문자로 어떠해야 한다고 마음의 형상을 그려 가지고 있기 때문에 천지자연을 자신이 미리 그린 그림 속에 집어넣으려고 한다. 그것은 내가 그린 그림이고 마음이지 자연의 마음이 아니다. 이것은 마치 참선하는 경지와 같다고 할 수 있다.

풍수 공부를 하고 나면, 풍수 혹은 반풍수가 되는데 반풍수가 되면 집안을 망친다는 얘기를 들었겠다. 집안을 잡아 나가는 방법이 기가 막힌다. 풍수 공부는 했고 확신이 없으니 자기 집에 그대로 대입하기는 겁이 난다. 공부한 것을 써먹기는 해야겠는데 대상이 마땅치 않다. 첫째가 처갓집, 둘째가 외갓집이다.

처갓집을 첫 대상으로 올리는 이유는 풍수발복이나 화액의 연결 고리가 자기와는 아주 멀다는 이점이 있고, 처갓집에서 사위는 가장 인격적으로 대접받는 손님의 지위에 있으나 역할이 별로 없기 때문이기도 하다. 처갓집에서는 사위가 풍수를 논한다는 것 자체를 자랑스러워 할 것이고 온전히 경청할 것이기 때문이다. 외갓집은 모계이기 때문에 혈연적으로 연관이 직접적이지 않으면서도 친숙하게 접근할 수 있기 때문이다.

풍수가 남의 집 산소를 봐주면 그 터에 자연의 이치에 의한 기운이 작용해 직계 후손에게 영향을 준다. 동시에 터를 잡아 준 풍수에게도 원인 제공의 이유가 있기 때문에 영향이 미칠 수 있다. 특히 완성되지 않은 경지의 공부를 가지고 본인은 완성되었다 착각하고 남의 산소를 봐줬을 경우에 시신의 망령이 풍수를 원망하는 저주가 있을 수 있다.

시신에게 짓는 이 백골죄는 한번 지으면 회복할 길이 없다. 죽은 사람에게 잘못을 사과할 수도 없고 저질러진 죄를 용서받을 길이 없기 때문이다. 그래서 풍수가 산소를 봐주는 작업은 처참할 정도로 어렵고, 또한 두려운 길이라 아니할 수 없다.

# 괘등혈에서 나온 호롱바위

경북대학교에서 산학협력 사업으로 애견학교를 할 때 종교단체에 몸담고 있던 천경욱 위원장을 처음 만났다. 경북대학교가 그 단체와 효 사상 실천에 대해 서로 교류하자는 취지의 합의서를 작성하기 위해서였다.

그 후에 유기농 인증 문제로 그를 다시 만났다. 그는 상주시 영농단체의 멤버로 유기농 인증업무를 맡고 있었다. 이후에 유기농 인증기관 설립을 위해 같이 노력했고, 유기농 인증기관이 설립된 후에는 천 위원장이 대표 자리를 맡았다. 유기농 인증기관을 운영하는 데 전념하던 천 위원장이 풍수에 관심을 가진 것은 순전히 나와의 인연 때문이었다.

이후로 그는 풍수 공부에도 많은 공을 들였다. 고수들을 찾아다니면서 만나고, 풍수법을 배우기 위해 많은 시간과 노력을 투자해서 책자를 섭렵하는 눈치였다. 지금은 영남대학교에 개설된 풍수지리학 석사 과정에서 수학 중이다.

괘등혈이라 지목한 터에서 산역을 할 때 광중에서 호롱바위가 출토되었다.

천 위원장과 나와의 관계는 그의 모친 산소를 이장하면서 운명적으로 깊어질 수밖에 없었다. 그가 내게 청해서 청송에 있던 모친의 산소를 살펴보게 했기 때문이다. 터가 좋지 않으니 이장하라고 권했다. 그렇게 말을 건네고 나서 5년이 지난 후에 천 위원장의 고향인 의성군 사곡면 양지리에 있는 해주 최 씨 선산 위에 좋은 터를 얻었다.

이장을 위해 파묘를 했더니 관 속에 물이 가득했다. 이장할 터로 등을 걸어 놓은 형상인 괘등혈掛燈穴의 호롱 자리를 잡아서 표토를 걷고 광중을 파내려 가는데 기이한 일이 벌어졌다. 땅속에서 호롱 모양의 큰 돌이 나온 것이다. 터의 특성을 나타내는 모양의 돌이 그 자리에서 나온 셈이니 참으로 신기한 일이었다. 터의 머리맡에 굳건한 바위가 버티는 가운데 혈처는 주변과 구분되는 고운 흙으로 감싸여 있었다.

이장한 후에 잔디가 제대로 자라지 않을까 봐 천 위원장은 걱정을 많이 했다. 터의 기운이 눌러 줄 것이니 걱정하지 않아도 될 것이라고 내가 말했지만 여전히 노심초사하는 분위기였다. 산역을 치른 지 사흘 만에 비가 내리면서 잔디가 잘 활착되어 걱정을 덜 수 있었다.

한참 후에 천 위원장은 꿈속에서 모친을 만난 얘기를 내게 들려줬다. 산소 주변에 소나무가 울창한 가운데, 온 산이 굵고 튼튼한 열매가 가득 달린 나무로 채워진 모습을 봤다고 했다. 꿈속의 큰 소나무는 큰 벼슬의 징조라고 일러 주었다.

모친 산소를 이장한 후에 천 위원장은 나를 대하는 것이 예전과 달라졌다. 본격적으로 풍수 공부를 시작한 것이다. 내가 잡은 터를 보러 다니고, 좋다는 터를 찾아다니면서 풀이를 부탁했다. 같이 진도를 다녀오고 거제도를 둘러봤다. 팔공산에도 드나들고 상주에도 다녀왔다.

천 위원장은 이미 내로라하는 선생들을 만나 그들의 공부를 이어받았고, 좋은 글과 책을 많이 읽어 이론에 밝았다.

공부한 내용이 마음속에 가득하니 터가 잘 보이지 않을 수도 있었다. 터는 눈으로 보고 머리로 생각하는 것이 아니라 가슴으로 보고 마음으로 느껴야 하는데, 생각으로 이미 이런저런 글귀가 떠오르고, 정해진 틀에 꿰어 맞출 생각을 하니 터가 잘 보이지 않을 수도 있었던 것이다.

자연의 질서 속에 자리 잡은 터는 이치에 따라 갖출 것을 갖추고 제자리를 차지하기 마련이다. 그래서 한쪽 귀퉁이만 손에 쥐어도 전체를 잡아 흔들 수 있다. 한 자락만 알아봐도 전체 터가 더듬어지기 마련이다.

# 자전거 타기와 같은 수맥 찾기

수맥은 숙달을 통해서 체득이 가능한 기운으로, 실제 존재한다. 터를 찾고 나면 혈처를 정확히 짚어 내기 위해서도 수맥의 흐름을 찾아내야 한다. 터가 앉은 모양새를 보아서도 어느 정도 수맥의 전체적 흐름을 감지할 수 있다. 정확한 수맥은 그 기운을 정확하게 감지함으로써 짚어 낼 수 있을 따름이다.

수맥을 감지하는 능력을 익히는 것은 자전거 타기를 배우는 것과 비슷하다. 뭐라고 방법을 설명하기는 어렵지만 한 번 몸으로 터득해서 익히고 나면 별다른 흔들림 없이 활용할 수 있는 기술이다. 익히는 과정은 시행착오를 통해서 배우는 방법이 있을 뿐이다.

주의할 것은 수맥을 감지하기 위해서는 절대 평정심을 유지해야 한다. 즉, 자기 자신의 몸속에서 자신이 빠져나와 알아차림을 하는 경지가 되어야 한다. 그래야 선입견 없이 수맥을 제대로 짚어 낼 수가 있다.

수맥은 파장을 뜻하고, 이 수맥파는 지하로부터 지구 중력의 반대 방향으로 수직으로 영향을 미친다. 수맥파가 지나가면 그 파장을 따라 물길이 생기고, 겨울이면 물이 증발하면서 얼어 서릿발이 생기고, 기온이 따뜻해지면 녹아서 흙이 내려앉아 나무뿌리가 노출되고 뿌리가 마르게 된다.

수맥파에 물기운이 지나가면 반드시 불기운을 불러들인다. 이렇게 물기운과 불기운이 들락날락하는 것이 수맥파다. 특히 양택을 지을 때 수맥파가 지나가면 든든한 기초를 앉힌 건물에조차 금이 간다. 수맥파를 차단하기 위해 동판을 깔기도 하지만 파장이기 때문에 완전한 차단은 어렵다.

제대로 된 터의 수맥은 계란 꾸러미처럼 나선형으로 펼쳤다가 접히는 것을 반복해서 진행하는 것이 일반적 형태이다. 마치 인간의 DNA 구조를 닮았다고 보면 된다. 혈처를 앞두고 쏠렸던 수맥이 다시 좌우로 펼쳐져서 혈처를 감싸듯이 휘돌아 다시 저 아래쪽에서 한 묶음으로 맺어지는 모양인 것이다.

수맥을 찾는 도구로는 엘로드나 추를 이용하기도 하고, 좀 더 확실한 방법은 살아 있는 나뭇가지를 이용하는 것이다. 살아 있는 나뭇가지를 Y자 모양으로 꺾은 다음 양손으로 Y의 위쪽 두 끝을 손바닥을 위쪽으로 해 하나씩 잡은 후 걸어 다니면서 나뭇가지의 밑둥이 땅으로 향하는 힘을 감지하는 방법이다. 이때에도 내가 나를 벗어나서 나를 지켜본다는 느낌을 가질 정도로 선입견이 없이 할 수 있어야 제대로 수맥을 느낄 수 있다.

수맥이 중요한 이유는 땅속에 물이 쏠리는 경향을 나타내는 이 기운에 따라서 제대로 된 혈처가 자리 잡은 위치를 정확하게 짚어 낼 수 있기 때문이다. 더군다나 수맥에 시신이 걸쳐지면 물이 불을 불러들인다는 원리에 따라 수맥이 지나간 자리가 불에 타들어 간 것처럼 검게 그슬리기 마련이다.

이장을 위해 파묘를 해 보면 수맥의 피해를 입은 시신이라면 검게 그슬려 있다. 부분적으로 검게 타들어 간 듯이 보이기 때문에 나머지 부분과 대비가 되어 수맥의 영향을 육안으로 뚜렷이 볼 수 있다.

# 눈이 열린 후
# 다시 10년

스님과 산을 보러 다닐 때는 5만분의 1 지도를 챙겨서 갔다. 지도의 등고선을 보면서 산세를 살피고 현장에 가서는 지도에 의존해 길을 찾아갔다. 구체적으로 터를 찾아야 하는 경우에는 5,000분의 1 상세지도를 접어서 들고 갔다. 지도만으로는 생사룡을 구분할 수는 없다. 산마루에 올라서야 비로소 생사룡이 구분된다. 지도는 기본적인 산의 모양을 파악하는 정도로 쓰이고 특히 길을 찾아가는 길잡이 역할을 한다.

인터넷을 통해 보는 위성지도가 나오면서 상황이 달라졌다. 위성지도는 엄청난 양의 정보를 보여 준다. 도선국사나 무학대사는 철저히 걸어 다니면서 터를 살폈을 것이다. 그에 비하면 지금 스마트폰으로 위성지도를 보면서 다닌다는 것은 엄청난 변화다.

위성지도로 웬만한 것은 지번으로 검색해 살펴볼 수 있다. 산줄기의 흐름을 한눈에 살필 수 있음은 물론이고 원근의 조절을 통해서 큰 그림과 세부사항을 자유자재로 체크할 수 있다.

물론 지금도 구체적 사항을 살펴보기 위해서는 직접 현장을 가서 봐야 하고, 더군다나 혈처를 찾는 작업은 현장에서 땅의 흐름과 기울기를 면밀하게 살펴야 가능한 일이다. 그럼에도 불구하고 위성지도는 풍수에게 많은 것을 보여 준다. 특히 '거시풍수'라는 차원에서 큰 흐름을 읽는 데 아주 유용한 수단이다.

옛 사람들의 기동성은 기껏해야 말을 타는 정도였을 것인데, 차를 가지고 다닌다는 것도 답산에서 큰 변화를 가져온다. 골짜기마다 길이 잘 뚫렸기 때문에 사륜구동 차량이면 어느 곳이든지 현장에 아주 가까이 차량으로 가는 것이 가능하다. 이러한 변화는 풍수의 안목과 실력을 쌓는 시간을 단축시키고 경험을 축적하는 데 걸리는 시간을 줄여 준다.

내가 10년간의 수련 기간 동안 스님과 답산을 위해 다닌 거리는 대략 60만 ㎞에 달한다. 150만 리에 해당되고 3,000리 금수강산을 500번 왕복한 거리다. 축지법을 쓴다는 홍길동도 이만큼 다니기는 힘들었을 것이다. 양적인 면으로는 옛날의 풍수들이 도저히 따라올 수 없는 엄청난 분량의 답산 기록을 쌓아 올린 것이다. 어쨌든 위성지도는 질적인 면에 기여했다고 봐야 한다. 양적 · 질적으로 모두 비약적인 발전이 이뤄진 셈이다.

이러한 얘기들은 풍수의 이치를 깨닫고 그것을 바탕으로 현장을 겪으면서 사례를 축적하는 과정과 맞물려 있다. 스님을 만나서 10년간의 공부 끝에 오감이 열린 후 다시 10년이 넘는 세월을 참고 견디면서 여러 가지 사례를 축적하는 과정을 겪어 냈다. 그동안 크고 작은 일들을 겪으면서 나는 일의 앞과 뒤를 꼼꼼하게 살피는 기회를 가졌다.

공부를 시작하고 20년을 넘긴 지금에서야 모든 준비가 끝났다는 생각이 든다. 이제는 어떤 일이라도 감당할 수 있는 실력과 배짱을 내 손안에 틀어쥐게 된 것이다.

# 답산 모임 풍수마루

풍수마루는 내가 이끄는 답산 모임의 이름이다. 이 모임이 만들어진 것은 2013년 가을에 대구 동구의 아양아트센터에서 풍수답산 강좌를 시작한 것이 계기였다. 남동희 박사의 소개로 당시 관장이던 김형국 테너를 만나서 동구 관내인 팔공산 주변의 답산을 중심으로 강좌를 개설하기로 한 것이다.

강좌에는 30여 명이 참석했다. 센터 직원이 직접 나와서 진행하는 답산 강좌에서 대구 동구 봉무동 단산저수지와 상중심, 달성 서 씨 선산, 옻골 최 씨 선산, 평광동 우 씨 세거지, 일직 손 씨 선산 등을 둘러봤고, 이듬해 봄에 다시 강좌를 열어 노태우 전 대통령의 생가와 조부 산소, 동화사, 백안동의 동래 정 씨 선산, 연경동 화암 주변, 파계사 주변 등을 둘러봤다.

강좌가 끝난 후에 답산에 참여했던 사람들을 중심으로 매월 한 번씩 답산을 가는 모임을 만든 것이 바로 풍수마루이다. 모임이 만들어지면서 남 박사가 회장을 맡았고 도서관 사서 일을 하는 김 씨가 총무를 맡아서 진행했다.

'마루'라는 단어에는 일을 펼치는 장소인 찬마루 등에 쓰이는 마루, 즉 대청마루라고 할 때 쓰이는 마루의 뜻이 있고, 추상적 개념으로는 어떤 사물의 첫째, 혹은 어떤 일의 기준이라는 뜻이 있다. 또한 등성이를 이루는 지붕이나 산 따위의 꼭대기를 마루라고 하며, 파도가 치솟은 물결의 꼭대기도 마루라 한다. 일이 한창인 고비도 마루라 하고, 물리학에서 물결이나 음파 따위에서도 가장 높은 부분을 마루라고 한다.

내가 지은 말인 풍수마루는 곧 풍수의 최고 수준에 다다른 그 꼭짓점을 뜻하기도 하고, 동시에 풍수 일을 펼쳐 놓은 대청마루와 같이 여러 사람이 모이는 장소를 뜻하기도 한다.

풍수마루에 모인 사람들은 단순히 풍수에 관심이 많은 장삼이사로부터 이미 풍수 공부를 많이 한 전문가에 이르기까지 다양했다. 또 내 주변에 있던 지인들도 참석했다.

그중에서 내가 풍수에 입문하기 이전부터 알고 지내던 남 박사는 회장을 맡아 답산 행사를 진행하는 사회 역할을 했다. 김 총무는 아양아트센터에서 합류한 젊은 분으로 풍수에 대한 관심이 대단했다. 경북 칠곡군 왜관읍에서 올라온 이상수 씨는 도의원을 지낸 분으로 참석자 중에서 가장 나이가 많을 뿐만 아니라 10년 이상 풍수 공부를 했다고 자기 자신을 소개했다. 늘 엘로드를 들고 와 내가 터를 보는 법에 대해 가타

부타 토를 달곤 했다.

몇몇은 이미 내가 부모의 산소를 잡아 줬던 경우도 있었다. 답산 기간 중에 상을 당해서 자연스럽게 터를 잡아 줬던 경우도 있었고, 혹은 산소를 둘러보자고 해서 좋지 않은 터에 모신 것을 이장한 경우도 있었다.

풍수마루는 대구·경북 지역에 있는 알려진 명당과 세거지를 찾아다니면서 산기운을 공부했다. 도산서원과 퇴계 이황의 산소, 정도전의 부친 산소, 이몽룡의 생가와 선산, 오미동 세거지, 묘골 박 씨 세거지, 한재마을, 영천 야자형 명당 등을 찾아다녔다.

이렇게 2년여를 다니는 동안 여러 가지 일들이 생겼다. 회원 중에 상을 당하면 자연스럽게 내가 가서 터를 봐주고는 했다. 현재 총무인 정원구 회원이 부친상을 당했고, 달성 서 씨 집안으로 시집을 간 김 씨 아주머니는 시아버지 산소를 이장했다. 후배 이홍우가 부친상을 당했을 때는 미리 구한 터에 모셨었고, 인쇄조합 박 이사장의 부친 산소를 이장했다. 산역을 할 때마다 회원들이 참여해서 사례 공부를 보탰다.

2015년 여름에 내가 집필을 시작하면서 풍수마루는 잠시 쉬기로 결정했다.

# 조그만 흙더미

관에 가득히 나무뿌리가 번져서 시신을 알아볼 수가 없을 정도였다. 특히 머리 부분에 목렴木廉이 심했다. 처음 김 차장 부친의 산소를 보고 나서 이장을 권한 지 4년이 지나서야 비로소 파묘를 했다. 마침 모친상을 당한 터라 모친을 모시면서 부친의 산소를 헐었던 것이다.

포스코에 다니는 김 차장은 의성 사람이었다. 당시 내가 자주 드나들던 동화사 주차장 위에 매점을 운영하던 보살이 김 차장의 가정사가 어렵게 돌아가고 매사가 여의치 않자, 나를 알아보고 김 차장을 좀 살펴봐 달라고 소개해서 그 집안의 산소를 둘러보게 되었다.

의성군 다인면 용곡리는 산 위의 분지에 들어앉은 마을이다. 동네 뒷산 북향터에 모친을 모셨다. 부친의 산소는 모친 산소의 가까운 청룡이 내려가는 줄기에 자리 잡았는데, 부친의 산소를 옮긴 자리도 원래 있던 자리에서 멀지 않은 아래쪽이었다. 산줄기를 따라 내려선 터에는 백호

쪽으로 골짜기 물이 내려가는 작은 물길이 나 있고, 그 물길이 산소 앞을 가깝게 돌아서 서쪽으로 빠진다.

조그만 흙더미가 수구사水口砂로 돌아 있고, 국세는 아기자기했지만 갖출 것을 고루 갖춘 자리였다. 자기 몸에 개미집 같은 작은 흙더미가 멀리 있는 1,000개의 산보다 낫다는 바로 그 귀한 흙더미였다. 고개를 들어 멀리 보면 큰 형세가 눈에 들어오는 자리였다. 비봉산 줄기에서 출발한 용이 한 줄기로 갈라서서 북으로 올라와 낙동강을 건너가는 이룡농주夷龍弄珠의 형상이다. 김 차장은 그 자리가 어릴 때 아버님과 함께 나무하러 산에 올라왔다가 앉아서 쉬던 자리였는데 그곳에만 오면 마음이 편안했다고 옛 기억을 떠올렸다.

김 차장은 장성한 두 아들이 학교에서 적응을 잘 못하는 것이 걱정거리였고, 특히 고등학생이던 둘째 걱정에 많이 힘들어 했다. 그러던 어느 날 아침에 일찍 전화가 왔다. 애를 먹이던 둘째가 원하던 대학에 합격을

김 차장 부친 산소에서 북쪽으로 바라본 낙동강 건너편에 여의주가 돋보인다.
한편으로 발치에 놓인 조그만 흙더미가 돌아나가는 물길을 거둬 아기자기한 모습을 보여 준다.

이장한 부친 산소의 위치는 김 차장이 생전의 부친과 산에 나무하러 왔을 때 앉아 쉬던 바로 그 장소였다.
아주 편안하고 모든 것을 갖춘 좋은 터다.

했다고 매우 기쁜 나머지 내게 먼저 전화로 알린 것이었다. 대학 진학도 중요하지만 무엇보다도 아이가 성격이 긍정적이고 적극적으로 바뀌었다고 했다.

아이의 조부가 목렴, 즉 무덤 속의 유골에 나무뿌리가 엉킨 상태에서 벗어나 새로 산소를 옮긴 것이 그런 변화를 가져온 것으로 여겨졌다. 얼마 후에는 군에 가 있던 큰아이도 제대를 하자마자 서울에 있는 좋은 직장에 취직을 했다는 소식을 전해 왔다. 실타래 풀리듯 복잡한 가정사가 풀려나가는 것을 지켜보면서 나도 마음이 유별나게 개운했다.

김 차장은 산소 이장에 앞서 양택을 잡았다. 포항시청 앞에 어린이 놀이터를 낀 동북향 터를 사들였다. 집을 지어 놓으니 공원과 붙은 넓은 놀이터가 마당처럼 여겨졌다. 100평을 샀지만 주변 땅을 아울러 1,000평

북향으로 앉힌 김 차장의 모친 산소. 바로 아래쪽에 부친을 이장해 모셨다.

으로 활용하는 운영의 묘를 살린 터였다. 김 차장의 부인은 집 1층에 여의如意라는 갤러리를 열어 한복 작업장으로 꾸몄다. 이곳은 다문화 가정의 직업 교육장으로 사용되고 놀이터에서는 벼룩시장이 열리면서 동네의 명소가 되었다.

## 인연 깊은 영지사

영천 대창면에 있는 오천 정 씨 선산에 드나들 때였다. 부친 산소 이장을 하려는 그 집안사람과 인연이 닿아서 일을 봐주러 몇 번을 오갔다.

그 길에 영지사라는 절을 안내하는 간판이 국도변에 걸려 있었는데 처음에는 무심코 지나쳤다. 그런데 영지사라는 절 이름이 귀에 익은 탓에 생각을 더듬어 봤다. 오래전에 어울렸던 후배가 생각나 전화로 물어봤다. 후배는 예전에 얘기했던 그 절 이름이 영지사가 맞다고 했다.

그 후배와는 예전에 이런 사연이 있었다. 내 어머니가 돌아가셔서 경주 무장산 아래 갈대밭에 모신 후였다. 후배가 뜬금없이 묘한 얘기를 했다. 자기가 한낮에 차를 몰고 지나가는데, 웬 나이 많은 할머니 한 분이 작은 보따리를 들고 힘겹게 언덕길을 올라가기에 차를 세우고 사정을 물었단다. 어디를 가시냐 했더니 저 위에 영지사로 가는 길이라는 대답이 돌아왔다. 후배는 왠지 그래야 할 것 같아서 그 할머니를 태우고 영지사까지 모셔다 드렸다는 이야기였다. 한적한 시간에 후배가 아무런 뜻도 없는 그런 얘기를 하니 나도 무심코 듣고 지나갔다.

그 후 며칠 뒤에 후배가 내 차에 탔을 때였다. 내가 돌아가신 어머니 사진을 꺼내서 보는 것을 지켜보다가 갑자기 그 후배가 깜짝 놀라면서 물어오는 것이었다. 그 사진 속의 할머니가 누구냐고 화들짝 놀라면서 물었다. 돌아가신 어머니라고 했더니 자기가 얘기했던 영지사에 모셔다 드린 그 할머니라는 것이었다. 사진을 몇 번이나 들여다보더니 그 할머니가 맞다고 했다. 자신이 1톤 트럭 옆자리에 태우고 갔던 그 할머니가 맞다는 것이었다. 한낮이었고 기억이 아주 또렷해서 틀림없다는 것이었다. 그렇다면 한 달 전에 돌아가신 어머니의 혼령이 영지사로 올라갔다는 얘기인데, 그런 얘기를 듣는 나도 혼란스러웠다.

후배에게 확인을 한 후에 이러한 기억이 나서 나는 지나가는 길에 영지사에 들어가 봤다. 구룡산 자락의 좋은 터에 자리 잡은 영지사는 신라 태종무열왕 때 웅정암이라는 이름으로 창건된 천년고찰이었다. 그런데 가람 배치를 보니 잘못된 부분이 많았다. 앞쪽에 펼쳐지는 화려함에 현혹되어 좌향을 잘못 잡았다.

왠지 낯설지 않은 절의 지경을 둘러보면서 또 다른 생각이 떠올랐다. 어머니께서 조모의 천도제를 지내 주었다는 절 이름도 영지사였던 것이 새삼 기억이 났다. 청도에서 여기까지 먼 길을 찾아와서 이 절에서 천도제를 지냈던 것이 분명했다. 지금 내가 사는 청도 집의 앞집에 사는 할머니의 친정어머니가 그곳에서 100리가 넘는 먼 길을 걸어서 영지사에서 치성을 올린 후에 아들을 얻었다는 얘기를 들은 기억이 또 새삼 떠올랐다.

내 주변과 영지사는 그렇게 인연이 많았다. 인연의 끈이 이어지고 이어져 결국은 내가 영지사를 찾아간 것이다. 영지사 절터가 나를 만나서 가람 배치를 새로 바꾸고 제자리를 찾아 한번 중흥을 누리고 싶어 하는 마음을 지니고 있다고 느껴졌다. 언젠가는 그 일을 해야 할 것 같은 생각이 내 마음 속에 들어앉았다. 영지사가 깃든 구룡산이 지금 내가 사는 집의 주산인 용각산과 맥이 닿아 있다는 것도 인연의 한 자락으로 작용했을 것이다. 어느 날 갑자기 영지사는 내 마음속에 그렇게 들어앉았다.

# 마당 깊은 공장 터

8월의 땡볕이 내리쬐는 가운데 전화를 받았다. 경남 진주 사람인 신 사장은 내가 알고 지내는 스님을 통해서 인연이 닿았던 사람이다. 건설용 가설재를 취급하는 진 사장이 새로 공장을 짓는 충북 음성군에서 급히 보자고 연락을 해 왔다. 늦은 아침에 청도에서 출발해 오후 3시쯤 음성군 현장에 도착했다. 현장에 들어서니 한 켠에는 이미 가설재가 차곡차곡 쌓여 있었고, 다른 한편에서는 공장을 짓느라 펌프차가 콘크리트를 붓고 있었다.

사무실로 사용하는 컨테이너 박스 안에 들어서니 현장 도면이 책상 위에 놓여 있었다. 서남향으로 앉은 터에 공장 건물을 서향으로 치우친 방향으로 배치했다. 진 사장이 나를 보자고 한 것은 지난번에 잡아 줬던 사무동 건물의 좌향과 관련해서 그때 방향을 잡아 박았던 말뚝이 토목 공사를 하던 중에 없어졌기 때문이었다. 사무동 터에 바닥 공사를 마무리하고 건물을 앉힐 자리에 먹줄 작업을 하던 중 긴가민가해서 급히 날 찾은 것이었다.

진 사장을 처음 만났을 때 그의 요청으로 경남 지역에 있는 공장, 부친 산소, 선산의 조부 산소 등을 감정한 적이 있었다. 그때 부친 산소의 이장을 권유했던 적이 있었다. 그러고는 5~6년이 지난 다음인 2015년 초에 연락이 와서 충북 음성군에 새로 공장 터를 잡고자 하는데, 터를 봐 달라고 연락이 왔던 것이다.

매입을 앞둔 땅을 보여 주는데 터가 좋았다. 사연을 들어 보니 현지의 부동산 중개업자에게 토지 매집을 의뢰했더니 이 땅을 보여 주더라는 것이었다. 부동산 중개업자는 이 땅이 움푹 꺼지고 습지에 가까워 사들이기가 쉬울 것이라는 요량으로 권유를 했던 것이었다.

실제로 지대가 낮아 사방의 물이 모여드는 장소였다. 풍수적으로 보면 평지룡이 편안하게 뻗어 앞으로 나가면서 이 터의 동북쪽에서 서남향으로 내려앉은 곳이었다. 좌청룡 우백호가 겹겹이 늘어선 가운데 앞쪽으로 그야말로 '한 일一' 자로 곧게 펼쳐진 일자문성一字文星 안대가 놓였다. 거기다가 백호 쪽에 샘솟는 우물이 끊임없이 물을 뿜어냈다. 다시 평지룡의 등을 타고 올라 터를 내려다봤다.

나는 터를 다시 설명하면서 이 언덕을 포함해 백호 쪽의 공터를 추가로 사들일 것을 권유했다. 진 사장은 2만 평에 가까운 대지를 사들이면서 18명의 지주를 상대하느라 고생을 이만저만한 것이 아니라고 했다. 땅 주인이 로스앤젤레스에 있는가 하면, 상속받은 땅을 공유한 5형제 중에 행방불명된 한 명을 찾아 나섰던 얘기를 들려줬다.

터를 둘러싼 국세는 더 웅장했다. 음성 마이산에서 출발한 용이 양덕 저수지와 모란지를 양쪽으로 끼고 삼성면 소재지에서 완전히 평지 속으로 들어갔다가 천평리 박알미고개로 올라선다. 미호천과 성산천이 양쪽으로 흐르는 가운데 터를 만들고 그 끝에서 두 개울이 합쳐진다. 대소면 소재지가 수구사가 되는 셈이다. 놀라운 것은 그 바깥쪽을 두 산맥이 이 들녘을 에워싼다는 점이었다. 잠룡으로 들을 지나서 오던 평지룡이 이 지점에서 살짝 고개를 들어 머리를 내민 형국이라고 할 수 있다.

숨을 죽이고 오랜 세월을 그렇게 조용히 지나온 잠룡이 이제 때를 만나 왕성하게 뜻을 펼쳐 나간다는 상상을 했다. 진 사장은 반도의 중심에 새로 자리 잡은 공장에서 전국을 대상으로 한 사업을 펼치겠다는 구상이었다. 또 가까운 항구를 통해 해외 진출까지 염두에 두었다. 좋은 터와 이렇게 인연을 맺으면 터를 얻은 사람의 생각도 바뀌고 사람도 바뀌는 모양이다.

사무동의 위치로 다시 내려와 용맥으로 이어지는 서남향으로 안대를 향해 좌향을 잡아 줬다. 진 사장은 공장 건설을 서둘러서 올 연말까지는 모든 것을 마무리하고 이곳에서 본격적인 생산을 하겠다는 생각이었다.

# 풍수 해석의 유연성

어느 날 대구대학교 김창만 교수가 갑자기 영주시 소수서원에 대한 풍수 해석을 부탁했다. 관광 진흥 관련 프로그램을 짜는 데 필요하다는 것이었다.

소수서원은 우리나라 최초의 서원으로 조선조 서원의 전형이다. 풍기군수로 부임했던 주세붕이 이곳 출신의 성리학자인 안향을 배향하는 사당을 설립한 것이 그 시초이다. 이후에 퇴계 이황이 풍기군수로 부임해서 국가의 지원을 요청하고 당시 왕이었던 명종으로부터 사액을 받으면서 서원이 성리학의 정통성을 인정받는 계기가 된다.

경건하고 엄숙한 분위기가 당연할 것 같은 소수서원의 풍수적 해석은 다소 어긋난다. 소백산 국망봉에서 내려선 산줄기가 옥녀봉으로 올라선다. 옥녀봉 주변 산세는 옥녀취와玉女醉臥 형으로 풀이하는 것이 세속적 풍수 해석의 정석이다.

그렇게 보면 술 취한 여자가 드러누운 형국이니 온통 흐트러진 분위기다. 배 부분에 해당하는 앞쪽 골짜기에는 초암사가 있고, 뒤편 계곡에는 성혈사가 자리 잡았다. 옥녀취와 형세의 끝자락 바깥에 자리 잡은 소수서원은 옥녀봉에서 흘러내린 물을 가둔 배점못(순흥지)에서 시작되는 개천을 왼쪽으로 감아 들어오는 청룡수로 끼고 앉았다.

서쪽에서 동쪽으로 향한 소수서원은 옥녀취와 형세의 물막이 파구에 해당되는 셈이다. 방향이 서쪽 막내딸의 기운을 취한 데다, 옥녀봉에서 흘러내린 물길의 물막이 터에 소수서원을 지었으니 풍류와 춘색의 기운이 완연할 수밖에 없는 형세다. 물이 동북으로 돌아 들어와서 서남으로 나가는 형국이라 산과 물이 서로 기운을 주고받는 산택통기山澤通氣의 길지임에는 틀림없다.

근본을 살펴보자면, 옥녀취와는 유흥을 뜻하는 지리인고로 이런 곳에 그 시대의 지도자 양성기관인 서원을 지었으니 선비들이 어울려서 풍류를 즐기는 장소가 되었을 것이다. 선비일지라도 술과 여자와 풍류의 유혹을 뿌리치기 쉽지 않았을 것이다. 역사적 사실과 상관없이 풍수적 해석에 따르자면 선비들의 왕성한 기운이 이곳의 풍광과 어울려 풍류를 즐기는 분홍빛 복숭아꽃의 기운으로 만발했다고 볼 수 있다.

겉으로 드러난 기운이 소수서원에서 열심히 공부하는 분위기라면, 눈에 보이지 않는 야합에 의한 생산성과 그 결과물인 사생아, 즉 버려진 아이의 이야기가 '청다리 밑에서 주워 온 아이'로 연결된다. 참고로 이 지방에서 널리 쓰이던 '청다리 밑에서 주워 온 아이'라는 말은 놀림의 표현임과 동시에 선비의 혈통을 물려받았다는 암시로도 통용되곤 했다.

동시에 이곳은 단종 복위사건으로 순흥 안 씨들이 떼죽음을 당한 사건의 현장이기도 하다. 1457년 금성대군이 순흥부사 이보흠과 함께 단종 복위를 모의하다가 발각되는 바람에 순흥 안 씨를 중심으로 한 이곳 유생들과 그 가족들이 참수를 당해서 죽계천이 핏빛으로 흘렀다고 한다. 청다리 밑에서 간신히 살려낸 젖먹이 아이로 뒷얘기가 이어지면 분위기가 비장해진다.

소수서원의 역사적 의미와 배경이 되는 '청다리 밑에서 주워 온 아이'는 이렇듯이 이중성을 지닌다. 소수서원과 선비촌이 이제 다시금 관광과 유흥의 중심으로 올라선다면 이러한 이중적 해석이 오히려 시간과 공간을 넘어서는 선견지명으로 받아들여질 수도 있겠다는 생각이 들었다.

이러한 지경에서 내가 더 관심을 가지는 것은 국망봉 자락에 자리 잡은 웅장한 터이다. 옥녀취와 형국과는 거리가 먼 큰 기운을 품은 터가 국망봉에서 소수서원 쪽으로 내려서는 산줄기에 자리 잡았다. 한 시대를 움켜쥘 수 있을 만큼 큰 기운을 품은 터를 보기 위해 여러 차례 산줄기를 오르내린 탓에 주변의 산세가 아직도 내 눈에 선하다.

# 마음에
# 담아 보는 터

전남 영암군 월출산은 바위로 맺힌 거친 산이다. 불갑사·도갑사·무갑사·가슬갑사·갑사 등 다섯 개의 전설적인 절 중에서 도갑사와 무갑사가 월출산 자락에 있었다고 한다. 도갑사는 도선국사가 출가한 절이라는 전설이 있다.

걸출한 산세를 지닌 월출산의 기운을 틀어쥔 혈처가 어디일까 궁금하지 않을 수 없었다. 내 오감이 열려서 혈처가 보이기 시작한 후에 월출산을 찾아가서 앞뒤로 여러 번을 오르내렸다. 마침내 터를 찾아내고는 그 터에 주저앉아 한나절을 보냈다.

풍수비결에 나오는 승달산의 호승예불 터를 보기 위해 나는 승달산을 수도 없이 오르내렸다. 용맥의 흐름을 짚어 나가던 중에 어느 날 의외의 장소에서 호승예불 형국의 터를 찾았다. 풍수비결에서 언급한 것처럼 과연 큰 기운을 머금은 혈처였다.

누구도 알아보지 못한 이런 터를 알아채는 것은 개인적으로도 큰 기쁨임에 틀림이 없다. 그 터의 존재를 느끼는 것만으로도 말로 표현할 수 없는 희열을 맛본다. 큰 터의 존재를 알아보고 찾아내는 것은 마치 산악인이 8,000m 이상 고봉의 존재 앞에서 그 봉우리를 직접 내 발 아래 두고 싶어 하는 강렬한 욕망과도 같다.

큰 터를 알아챘다는 것은 풍수를 공부하는 사람의 소망이기도 하거니와 내 눈으로 보고 몸으로 느낀다는 것 자체가 기쁨이다. 그 터를 어떻게 쓸지는 부차적 문제다. 살아생전에 큰 터를 보고 간다는 것은 그 터를 마음에 담아 본다는 것이고, 죽을 때 마음에 품고 간다는 것을 뜻한다.

승달산의 호승예불 터를 본 후에 스님을 모시고 갔다. 내가 스스로 찾아낸 큰 터에 스님을 모시고 가서 보는 것이 내게는 제자로서 스승에 대한 예우이자, 좋은 터를 눈에 담아 보는 즐거움을 함께 나누고 싶은 마음 때문이기도 했다.

천문대가 있는 보현산도 큰 터를 품었다. 1,126m에 달하는 보현산은 전형적인 흙산이다. 물형으로 보자면 여유 있게 어슬렁거리는 코끼리 형상이다. 코끼리의 잔등에 얹어 놓은 자리와 같은 부분에 혈처가 앉았다. 보현보살이 그 자리에 내려앉는 모습을 상상해 볼 수 있다. 웅장한 터가 구름에 가렸다가 열리는 모습을 보노라면 신선과 함께 노니는 듯한 착각에 빠질 수도 있겠구나 싶었다.

대구월드컵경기장이 있는 대흥동 산자락에도 큰 터가 있다. 욱수골산 정상에서 월드컵경기장을 지나 서북향으로 내려서는 산자락은 마치

소가 뚜벅뚜벅 걸어가는 모습이다. 행우망초行牛望草형으로 삼덕동의 작은 봉우리가 풀더미에 해당된다.

이 자리에 올라서면 팔공산 자락에 이르기까지 모든 크고 작은 산봉우리가 겹겹이 청룡과 백호로 다가와서 터의 웅장함을 실감할 수 있다. 이곳의 시지동時至洞과 대흥동大興洞이라는 지명도 때가 이르면 크게 흥한다는 것으로 풀이하면 이 터와 무관하지 않아 보인다.

천지자연의 조화로 만들어진 오래된 농익은 터를 알아보는 것은 금단의 열매에 손을 대는 것처럼 짜릿한 경험일 뿐만 아니라, 마치 초자연적인 절대자의 치맛자락을 슬쩍 들춰 보는 것과 같은 내밀한 희열을 안겨준다.

공자는 "오늘 저녁에 도를 깨치면 내일 죽어도 여한이 없다"고 했다. 풍수에서는 큰 기운을 품은 터의 존재를 알아채는 순간이 도를 깨치는 것과 같다고도 할 수 있다.

# 땅을 보는 깊이

스님을 모시고 답산할 때는 이른 아침을 먹고 캄캄한 새벽녘에 길을 나섰다. 산에 다니기 쉬운 가을부터 봄까지, 새벽 5시 그 어름에 길을 나서면 온통 캄캄한 밤이었다. 현장에 도착해서 산을 오르기 시작하면 하늘이 밝아지기 시작했다. 그 시절에 내 모습을 기억하는 사람들은 스님과 내가 거지와 같은 몰골로 함께 다니곤 했다고 한다.

그도 그럴 것이 그때는 열심히 산을 더듬었기 때문에 해져서 너덜너덜한 등산화를 끈으로 묶어서 신고, 여기저기 찢어져서 깁고 또 기운 한복 겹바지를 입고 다녔기 때문이다. 터를 보기 위해 산의 맥을 따라가다 보니, 등산로나 산길을 따라가는 것이 아니라 길이 없는 능선과 골짜기를 오르내렸기 때문에 바지가 온통 가시에 걸려 찢어지고 올이 터졌기 때문이다.

새벽에 산에 오르면 하루 온종일 다니다가 해가 져야 산에서 내려왔다. 새벽에 절에서 나설 때는 물병과 절편을 싸서 바랑에 넣었다. 산행 중에는 떡 한쪽으로 끼니를 때우기 십상이었다. 집중해서 생사룡을 찾아 다니는 판에 음식을 과하게 먹으면 집중이 안 되기 때문이었다.

내 오감이 열린 후에 혼자 오른 팔공산 자락의 도덕산에서 큰 터를 알아채고서 스님을 모셔 왔다. 제왕지지의 큰 형세를 갖춘 혈처를 보여 드렸더니, 한참을 감상한 스님은 한마디를 던졌다.

"바짝 웅크려서 앉아 섰네."

이 말을 듣는 순간 내 머리끝이 곤추섰다. 어눌한 스님은 늘 스님만의 독특한 표현으로 터를 평가하곤 했다. 긴박하게 들어선 터에 서린 긴장된 분위기를 그렇게 표현하신 것이었다. 스님은 과묵하고 표현력이 부족해 당신이 아는 100 중에서 10을 겨우 말로 나타내는 정도였다.

스님 곁에 잠시 머물면서 풍수법을 살짝 엿보고 세상에 나간 손석우는 언변이 뛰어나서 10을 알면서 100을 깨달은 듯 떠들고 다닌 위인이었다. 스님이 사용하던 말과 스님이 겪은 사례를 치장해서 《터》라는 책을 내고 유명세를 누렸다. 그의 행적을 따라 몇몇 터를 올라가 봤더니, 엉터리도 이만저만 엉터리가 아니었다. 터가 안 되는 것은 물론이고 어떻게 이렇게까지 어깃장을 놓을 수 있을까 싶을 정도였다. 스님의 법을 한 가지라도 제대로 알아봤다면 그런 정도의 실수는 하지 않았을 텐데 하는 아쉬움이 남았다.

숙명통을 한 스님은 심성을 보고 나를 제자로 삼았던 모양이다. 내 손에 비장의 한 수를 쥐어 주면서 이런 말을 덧붙였다.

"너도 나이가 들고 기력이 떨어지거든, 이 법을 네가 직접 고른 한 놈에게만 전해 주거라."

스님은 체구도 조그마하고 마음 씀씀이가 아직도 어린아이같이 단순하고 직선적이다. 좋고 싫음이 분명하고 생각이 떠오르면 거침없이 얘기하는 것조차 마음이 맑은 어린아이를 대하는 것 같은 느낌이 드는 그런 분이다.

# 산과 봉우리

터를 찾는 작업은 산과 봉우리를 구분하는 것으로부터 시작된다. 산은 큰 줄기가 솟은 주봉이 있고 청룡자락과 백호자락이 갖춰져야 한다. 산이 제 몸에 떨어진 물을 제 품으로 거두어들이는 경계를 산의 경계로 본다.

'뫼 산山'의 형상은 진행하는 산줄기가 펼쳐진 상태라고 본다. 봉우리는 진행하는 상태에서 혼자 서 있는 것으로 아직 산을 만들지 못한 것을 뜻한다. 산이란 글자의 또 다른 성격은 '갖출 품品'과 삼각점이 모아진다는 점에서 유사하다고 할 수 있다. 산과 봉우리가 다른 이유는 산은 갖출 것을 모두 갖춘 것을 뜻하고, 봉우리는 아직 갖추지 못한 것일 뿐이기 때문이다.

대구 북구 산격동山格洞은 산이 품격을 갖출 만큼 갖춘 동네이고, 이곳에는 최근까지 경북도청이 있었다. '뫼 산'을 뒤집어 놓으면 풍수에서 늘 사용하는 중출中出과 좌청룡 우백호가 된다. 글자 자체가 혈처의 모습과 같다는 뜻이다.

봉우리가 펼쳐졌다는 뜻(攄, 펼 터)에서 따와 혈을 터라고도 표현한다. 안동 사람인 스님은 유별나게 '터'라는 말을 즐겨 사용했다. 명당을 구한다는 말은 혈이나 묘터를 구한다는 말과 같고, 이 모든 표현을 망라하는 것이 '산을 구한다'는 뜻이다. 그래서 주산과 좌청룡 우백호 등의 세 가지가 모두 잘 갖춰진 곳을 안정적으로 제대로 갖춰진 자리라고 본다.

'혹 암癌'을 파자로 풀이하면 '병질 부疒' 속에 '갖출 품品' 밑에 '뫼 산山'이 들어 있다. 산의 품격, 즉 묏자리의 갖춤에 병이 들면 후손에게 암으로 나타난다는 해석이 가능하고 이와 같은 현상을 암시한다고 본다. 산山이라는 글자는 그 형상이 중요고 펴고 오므리는 그 자체이기 때문에 풍수로서는 잘 구분해서 봐야 하는 글자이기도 하다.

# 8대 명당의 옆자리 터

축협 직원인 박장하 씨는 이주섬유 대지 매매 건으로 알게 된 사람이다. 어느 날 내게 연락이 왔는데 부친이 위독하다면서 터를 봐 달라고 했다. 영천시 북안면 명주리에 선산이 있었다. 구룡산 자락이 동북으로 올라가다가 도유리와 명주리를 만드는데, 도유리에는 조선 8대 명당으로 알려진 광주 이 씨 시조인 이당李唐의 묘가 있는 동네다.

이당의 묘는 '야也' 자 형국의 명당으로 알려졌다. 마치 글자 모양처럼 가운데 내려온 부분에 혈이 형성되고 좌측의 짧은 선과 우측의 팔을 안으로 굽힌 듯한 모양으로 전체적인 모습이 가운데 혈자리를 보호하는 형상이다.

동네 이름인 명주리에서 명주明珠는 풍수에서 말하는 여의주를 뜻한다. 구룡산 자락에 자리 잡은 동네 이름이 명주리이니 당연히 여의주가 될 수밖에 없다. 오랜 세월을 두고 다듬어진 이름만큼 주변 상황을 함축적으로 표현하는 다른 그 무엇은 있을 수 없다. 명주리라는 동네 이름이 얘기하던 그 여의주가 어디에 있을까 하는 생각으로 터를 찾으러 산으로 올랐다.

8대 명당이라고 알려진 터의 주산 격인, 좌측에 청룡으로 내려오는 서북좌에 동남향의 터를 잡았다. 선산이다 보니 위쪽에 산소들은 용이 진행하는 과정에서 그 옆구리에 올라앉은 것이 많았다. 결인처인 바위 아래로 가파르게 내려앉는 자리에 혈자리가 있었다.

묏자리를 정한 후에 3개월 만인가 부친이 돌아가셔서 산역을 하러 다시 산에 올라갔다. 가파른 언덕에 매달리듯이 자리 잡은 터를 정리하는

영천군 북안면 도유리 박 씨 문중 선산에서 찾은 혈처다. 봉분 뒤쪽 경계에 조그만 돌은 원래 땅 위에 돌출되었던 부분이고, 그 앞의 흰 돌은 공사하던 중에 드러난 것이다. 경대처럼 서 있는 바위 바로 앞쪽으로 혈처가 있다.

과정에서 약간의 수군거림이 있었다. 시답잖은 사람이 터를 잘못 골라서 인부들만 애를 먹는다는 것이었다.

땅을 파 보니 거울을 세워 놓은 것과 같은 바위가 나타났다. 금관자, 옥관자와 같이 둥그스름한 바위가 멈춰 있고 서너 발자국 앞의 혈처에서 좋은 흙이 나왔다. 터가 모습을 갖춰 가자 모두가 놀라워했다.

서북향에서 내려오는 용은 끝이 짧기 마련이다. 이는 풍수 교과서에 나오는 전형적인 모습을 갖춘 터라고 할 수 있다.

# 두 번 보상받은 해탈사

해탈사는 원래 대구 시내의 수도산 앞자락 능선 위에 있었다. 그러나 달동네 재개발로 아파트가 들어서는 바람에 보상을 받고 이전했다. 나이 든 보살이 두 군데 터를 구하고 고민하던 중에 능도스님을 통해서 나를 찾아왔다.

반고개에 있는 애락원 옆에 원래 대지를 구했고, 문화센터를 하겠다면서 신천시장 입구에 있는 350평짜리 조그만 바위산 위의 땅을 구한 상태였다. 보살이나 주지스님은 반고개 땅에 절을 지을 생각이었는데 그렇게 하는 것이 재산으로서의 가치도 높다고 생각했다. 그러나 반고개 땅을 풍수적으로 보면 지나가는 용의 옆구리에 해당되므로 쓸 수 없는 허국이었다. 서쪽을 등지고 동향인 터에 남향으로 옛날 집이 앉아 있었다. 이렇게도 저렇게도 터가 안 되었다.

그러나 신천시장의 터는 개울을 역수로 밀어 올리는 모양새부터가 달

헐리기 전의 해탈사 전경.

해탈사가 있던 자리에는 상가 건물이 새로 들어서 왕성한 상권이 형성되었다.

랐다. 대구MBC 쪽에서 경북도청으로 지나가던 용이 청구고등학교 인덕을 주산으로 삼아 서남쪽으로 쭉 내민 산줄기였다. 입을 내밀어서 범어천에 담근 형국이다. 갈용음수渴龍飮水, 즉 목마른 용이 물을 먹기 위해 개천으로 들어서는 형세다. 터가 좋아서 절이 들어서면 크게 번성할 것으로 보였다.

그러던 중에 우연의 일치인지 뒤편에 있던 달동네가 재개발되면서 이번에도 아파트가 들어섰다. 토지 중 60평 정도가 진입로로 편입되는 바람에 평당 2,500만 원에 달하는 보상을 받았다고 했다. 절을 짓는 데 들어가는 비용을 보상으로 받은 셈이었다.

절을 짓는 과정에서 약간의 문제가 생겼다. 터에 맞게끔 방향을 간좌로 맞추면 절의 앉음새가 땅의 경계와 틀어져 규모가 조금 작아졌다. 갑자 방향으로 놓으면 건물은 조금 더 커지지만, 곤신방에는 교회 첨탑이 있고 빈계사신牝鷄司晨 격이라 암탉이 울어대니 송사에 휘말릴 것이었다. 내 거듭되는 설명에도 불구하고 주지스님이 욕심을 내어 갑자 방향으로 건물을 앉혔는데 어찌된 일인지 건물에 대한 준공 허가가 떨어지지 않았다.

이 와중에 창건주인 보살과 주지스님 사이에 의견 충돌이 생기면서 주지스님은 반고개에 가건물을 지어서 떠났다. 얼마 후 보살이 고인이 되었고 그 자제들이 터를 팔아치우는 바람에 절이 헐리고 일반 상가가 들어섰다.

아무리 좋은 터라 할지라도, 또한 땅의 쓰임새에 대한 전문적 컨설팅을 받았다 할지라도 쓰는 사람이 취사선택을 잘못하면 목적과 용도가 뒤바뀌고, 결국은 땅이 주인을 털어 내는 모양이다.

# 평등 무자비

전설적인 풍수였던 격암 남사고格菴 南師古가 산천을 헤매다가 과로로 쓰러진 일이 있었다. 그러다 산골에서 어느 노부부를 만나 잠시 몸을 의탁해 노독을 치료하고 원기를 회복했다. 남사고는 은혜를 갚겠다는 마음으로 자식이 없는 노부부에게 터를 하나 잡아 줘서 부모 산소를 이장하도록 도와줬다.

터의 기운이 발현되니 일사천리로 일이 굴러갔다. 우선 생산성이 없는 할머니가 곧바로 세상을 떴고 할아버지는 젊은 처녀를 맞아 자식을 생산했다. 할아버지는 어린 자식이 장성할 때까지 보살핀 후 세상을 떴다. 사실 남사고를 정성껏 보살핀 것은 할머니였지만 그의 도움이 자신에게 죽음으로 닥친 셈이다.

이처럼 터의 뻗침은 평등하고 무자비하다. 터가 생긴 대로, 터의 성정대로 후손들의 살아가는 모습에 투영된다.

아파트가 들어서면서 오래된 선산이 팔려 나가 부모 산소를 이장해야 하는 일이 생겼다. 딸 넷에 아들 하나인 그 집안의 맏딸은 젊은 나이에 이혼을 하는 바람에 사내아이 하나를 남겨 두고 친정으로 되돌아왔다. 동생들을 돌보던 맏딸은 부모 산소를 이장해야 할 상황에서 나를 찾아왔다.

나는 문중 땅 경계에서 용의 등에 올라탄 형상인 기룡혈騎龍穴을 찾아 일러 주었다. 눈썰미가 좋았던 맏딸은 나와 상의도 없이 과감하게 이장을 강행했다. 산소를 들인 후 한참을 지나서야 나를 찾아왔다. 가서 살펴보니 원래 혈자리에서 뒤로 바짝 당겨서 백호자락으로 살짝 올라앉았다.

터 기운이 영향을 미친 탓인지, 하나 있던 그 맏딸의 아들이 대학을 다니던 중에 갑작스럽게 불의의 사고로 세상을 떠났다. 이 일을 계기로 맏딸은 인연의 한쪽 고리를 끊어 내고 새로운 인연을 만나 가정을 꾸렸다. 마침 맏딸이 하던 부동산 개발업도 바람을 타고 잘 풀려서 큰돈을 벌었다. 맏딸의 막냇동생도 직장에서 능력을 인정받아 최연소 임원으로 승진하는 호사를 누렸다.

터라는 것은 이처럼 어떤 지향점을 향해 발현되면 거기에 걸려드는 사람들에게는 무자비하게 인정사정 볼 것 없이 영향력을 발휘한다.

## 납작재의 힘

비슬산의 신줄기는 주맥이 삼정골로 내려서면서 대구 벌판으로 들어선다. 우물 세 개를 뜻하는 삼정골은 용 세 마리가 그곳에 머문다고 풍수적으로 풀어낼 수 있다. 산줄기는 캠프워크 비행장으로 내려와 남대구경찰서, 영남대병원으로 건너간다.

여기서 눈여겨볼 것은 영대병원네거리에서 보훈처사거리 사이를 잇는 나지막한 고개이다. 완만한 이 고개는 높지 않고 납작해서 이름이 납작재이지만 큰 기운이 넘어가는 길목 역할을 한다. 대구 벌판이 이 고개 하나에 매달렸다고 해도 과언이 아니다. 이런 나지막하고 완만한 고개를 만나면 큰 결인처가 있다고 상상할 수 있어야 한다.

영남대병원으로 들어선 산줄기는 대구고등학교를 거쳐 길을 건너 수도산과 향교를 지나 대구초등학교로 나간다. 수도산에 올라섰다가 돌아선 산줄기는 이천동 월드메르디앙아파트 터에 와서 영선못으로 내려선다. 그 못둑에는 미군 장교 숙소가 있다.

영남대병원 서쪽의 본맥은 성당시장 고개(종주골)로 가서 한편으로는 가톨릭병원을 지나 성당시장 언덕으로 넘어간다. 한편으로는 방향을 틀어 대명동 계명대학교로 올라서서 동산병원까지 뻗친다. 옆으로 나간 줄기는 구남보건고등학교를 거쳐 두류공원으로 올라선다.

반고개에서 옛 대영학원 쪽으로 나간 줄기는 비산로터리로 돌아 서문시장 위쪽 달성공원까지 이어진다. 대명동에서 거둔 물은 모두 서문시장으로 들어간다. 뒤로 틀어진 산줄기가 서구청 뒤를 거쳐 삼익뉴타운을 지나 평리동을 지나 와룡산을 밀어 올린다. 이 지경에서 두류산을 안산으로 삼아 돌아앉은 맥이 구병원과 조약국 인근이다.

조약국 언덕을 백호로 삼아 두류공원을 청룡으로 삼아 들어앉은 소쿠리 같은 터가 7호광장의 서남시장이다. 물이 고이는 이 터는 마르지 않는 샘과 같아서 어떤 환경적 변화가 생겨도 상권이 좀처럼 위축되지 않는다. 칠성동과 침산동은 대구천 바깥쪽 땅이다. 도청 건너편이지만 도청에서 건너온 지맥으로 이어졌다고 봐야 한다. 도청 앞이 수심이 얕은 바위였기에 깨어 내고 신천을 연결한 것이리라.

대구는 이름 그대로 큰 언덕으로 이뤄진 도시다. 북쪽에 팔공산과 남쪽의 비슬산, 서쪽의 가야산, 동쪽의 운문산이 둘러싼다. 큰 산들이 비, 바람을 막아 순화시키면서 도시를 감싼다.

분지인 대구는 지형이 전반적으로 낮아서 지리적으로만 본다면 당연히 물난리가 잦아야 한다. 그러나 대구는 적당히 잠겼다가 말랐다가 하는 수준이어서 물난리에 관한 기록은 별로 없다. 다만 구불구불 흐르던 대구천을 직강화해서 신천을 만든 것이 화근이 되었다. 강의 흐름이 급박해지면서 사람들의 성격에도 영향을 미친 것 같다. 급한 성격에다 격렬한 성향이 지세와 무관하지 않아 보인다.

신천은 비슬산에서 출발한 물줄기가 정남향에서 정북향으로 흘러내려 산격동에서 정동향에서 정서향으로 흐르는 금호강과 만난다. 정남향은 아주 강한 불의 기운을 뜻하고 동시에 생산성이 왕성하고 활달한 성격의 중간 딸을 상징한다. 동쪽에서 오는 금호강은 큰 나무를 뜻하고 건장한 장남의 기운이다. 남쪽의 불기운이 동쪽의 큰 나무둥치를 만나면 엄청나게 큰 불길로 타오른다. 활달한 여자와 건장한 남자가 만나면 역시 뜨겁게 달아오른다.

대구에 대한 풍수적 해석이 이러니 큰 시장인 서문시장에는 수시로 큰 불이 난다. 지하철 공사장이 폭발해서 많은 사람이 죽었고, 그 지하철을 개통했더니 이번엔 열차에서 불이 나 많은 사람이 죽는 사고가 터졌다.

대구는 여자들이 왕성하고 활달하게 움직이는 도시이다. 그래서 대구에서는 여자를 잘 얻어야 출세한다는 말이 있다. 대구 출신의 군인과 정치인들에게도 여자들의 영향력은 대단하다.

박정희 전 대통령도 전처와 헤어지고 육영수 여사와 이곳에서 신접살림을 꾸렸다. 전두환 전 대통령도 이순자 여사 집안의 영향권 내에서 입신할 수 있었고, 노태우 전 대통령도 김옥숙 여사 없이는 성공하기 어려웠을 것이라는 얘기가 돈다.

서울 강남의 치맛바람도 그 근원에는 이곳에서 올라간 대구 아줌마들이 있다는 얘기가 나올 정도다.

## 명당의 기운을 타고난 사람, 의존하는 사람

포항에 있는 고주산이 쌍봉으로 올라서서 만든 터는 만석리에 있다. 이명박 전 대통령의 증조모 산소는 당대 형제간에 정승이 나온 명당이다. 이 전 대통령이 대통령으로 재직하던 중에도 그 형인 이상득이 지위를 유지함으로써 이미 길지의 효험이 증명된 셈이다. 결과적이긴 하지만 이 전 대통령은 명당의 기운을 가지고 태어난 사람이었다. 본인의 노력과 상관없이 일이 잘 풀려나가는 기운을 지닌 것이다.

반면 노무현 전 대통령은 태어난 후에 부친의 산소를 좋은 터에 모셨다. 명당의 기운에 의지해서 가듯이 정치적으로도 외부 세력에 의지해서 가다가 불행해진 케이스다. 노 전 대통령의 부친 산소가 있는 터는 산양이 비를 피해서 바위 밑에 웅크린 산양피우山羊避雨의 형세다. 바위산인 봉화산의 자락에 비를 피해 웅크린 산양은 서북쪽에 있는 풀더미를 바라본다.

그 풀더미가 도장봉, 곧 어인사御印砂가 되었고, 봉하마을 옆의 큰 바위도 이 터에서 바라보면 물막이 수구사가 된다. 마을에서 바라보면 험준한 바위 봉우리이지만, 이 터에서 바라보면 더없이 귀한 모습이다. 제왕지지에 반드시 있어야 할 요소인 수구한문인 셈이다. 수구한문은 물이 빠져나가는 수구에 서 있는 수문장과 같은 바위나 산을 뜻한다.

노 전 대통령 부친의 산소는 산양의 왼쪽 뿔 위에 자리 잡았다. 들이받는 기운으로 뭉친 뿔 자리에 앉았으니 매사에 일단 들이받아 충격을 주고 수습을 하는 형국이다. 노 전 대통령의 정치 스타일은 전형적인 정면돌파형이었으니 산소의 형세와 무관하지 않은 것으로 느껴진다.

풍수 키워드로 분양 광고

비슬산이 품은 제왕의 기운: 대구 테크노폴리스

겨울 찬바람과 맞서는 깐깐한 선비의 기개: 구지 대구 국가산업단지

똬리를 틀고 앉은 편안한 용 한 마리: 대구 대곡 2지구

열심히 책 읽는 선비: 대구 연경 택지지구

거팔래팔(去八來八)의 풀무 형국: 포항 블루밸리 산업단지

500년 후에 자기 땅에 다시 묻히다: 왜관 벽진 이 씨 입향시조묘

좋은 집터에 부모 모시기

김해 김 씨 삼현파 선산 이야기

# 4부 풍수 답사기

# 풍수 키워드로 분양 광고

2016년 초여름에 최종영 본부장이 문득 연락을 했다. 만나자면서 청도에 있는 내 집 가까이로 찾아왔다. 최 본부장은 2015년에 LH공사에서 퇴직했다. 그와 인연이 맺어진 것은 LH공사 대구·경북본부에서 보상 업무를 담당했던 조정근 부장을 통해서였다. 조 부장은 풍수를 깊이 공부한 사람이었다.

2013년 봄에 조 부장은 나를 몇 차례 만난 후에 분양 담당인 박덕수 차장을 나와 연결해 주었다. 박 차장은 당시 분양 중이던 대구 테크노폴리스에 풍수 해석을 적용할 생각이었다. 그래서 내게 대구 테크노폴리스 전체에 대한 풍수적 견해를 글로 써 달라는 부탁을 해 왔다.

어느 한 지역도 아니고 수백만 평의 땅을 포함하는 산업단지에 대한 풍수적 입지 해석은 처음이어서 다소 낯설었다. 일단 직접 비슬산에 올라 산기운의 흐름을 짚고 산세를 살핀 다음 한 달여 만에 글을 완성해 보냈다. 이 글은 지역 일간지에 실렸고 글 속의 키워드는 실제 분양 광고에 활용되었다.

이것이 효과를 발휘했는지 이듬해인 2014년에는 LH공사 분양팀에서 사이언스파크와 대곡지구, 연경지구, 포항 블루밸리 등 네 개의 현장에 대한 풍수 해석을 의뢰해 왔다. 꼬박 한 달이 걸려서 현지를 답사하고 자료를 조사해 글을 썼다. 글을 쓰는 중에도 이런저런 추가 주문이 들어와 현지 답사를 새로 가곤 했던 기억이 새롭다.

그 일이 있은 후로 2년이나 지나서 최 본부장이 찾아와 식사 대접을 한 것은 그때 글을 신문에 싣고 분양 광고에 사용해 큰 효과를 봤다면서 뒤늦은 공치사를 하고자 함이었다. 부동산 경기 덧도 있었겠지만 근래에 보기 드물게 단지 조성이 완성되기도 전에 분양을 모두 마무리할 수 있었다는 것이었다. 당시 사업을 총괄했던 최 본부장은 그 일을 고맙게 생각하고 퇴직 후에 문득 찾아와 식사 대접을 한 것이었다.

이 글 뒤에 이어지는 다섯 편의 글이 그 당시 내가 썼던 글이다. 원문을 최대한 인용하되 신문에 사용된 요란스런 제목들은 숨을 죽여서 새로 달았다. 2~3년 전의 글을 인용해 옮기다 보니 시의적절하지 않은 표현이 있을 수 있으므로 먼저 양해를 구한다. 굳이 글에 손을 대지 않으려 한 이유는 한두 군데 글을 고치다가 전체가 일그러질까 걱정이 되었기 때문이다.

이에 더해 사단법인 한국뿌리문화보존회 산하단체인 한국성씨총연합회 계간지인 〈한국성씨문화〉에 게재한 글 몇 편도 보탰다. 상주 사람인 석민영 사무총장과의 인연으로 글을 썼고, 이 일이 계기가 되어 나는 한국성씨총연합회의 전문위원을 맡게 되었다.

# 비슬산이 품은 제왕의 기운

## 대구 테크노폴리스

비슬산은 태백산에서 갈라진 산줄기가 보현산으로 내려와 동남향으로 질주하다가 경산 용성에서 구룡산을 일으키고, 청도군 선의산 봉우리를 만들어 가창에서 상원산으로 올라서서 만들어진, 이 지역의 중심이다.

비슬산을 풍수적으로 풀면 옥녀가 비파를 연주하는 형국이다. 그래서 산 이름이 '비파 비琵'에 '거문고 슬瑟'이다. 치마폭을 넓게 펼치고 편안하게 앉은 여인이 거문고를 켜면서 여성스러움을 한껏 뽐내는 모양새다. 이 중에 남쪽으로 낸 줄기가 대견봉을 거쳐 조화봉에 이른다. 중국에 비친 봉우리라는 뜻에서 조화봉이라 했다. 당 태종이 특별 하사금을 내려

---

이 글은 〈경북도민일보〉 2013년 7월 17일자에 '금거북이 등 위에 올라앉은 땅…미래 대구의 심장부'라는 제목으로 게재된 기사로 대구 테크노폴리스와 국가산업단지에 대한 풍수적 입지 해석이다.

신라 헌덕왕 때 조화봉 아래 대견사를 짓게 했다고 한다. 대견사라는 이름도 '큰 대大'에 '볼 견見'을 쓰니, 대국에서 봤다는 뜻이다.

이런 내력을 지닌 조화봉에 모인 기운이 산줄기를 타고 현풍면 들녘으로 내려서서 낙동강을 서북향으로 밀어 올린다. 거북이의 꼬리가 조화봉에 걸쳐 있고, 거북이의 둥근 등판에 대구 테크노폴리스가 들어섰으며, 거북이의 머리는 낙동강에 반쯤 잠긴 형상이다.

현풍면 들녘을 감싸고 흐르는 현풍천과 차천이 역시 서북향으로 흘러서 낙동강에 합쳐진다. 금거북이가 알을 낳는 중인 완벽한 금구난생金龜卵生의 지세다. 금구포란金龜抱卵이라는 표현을 주로 사용하지만, 굳이 금구난생이라 한 것은 알을 '낳는 중'이라는 현재 진행형을 강조하기 위함이다.

대견사는 유서 깊은 사찰임에도 불구하고 많은 우여곡절을 겪었다. 고려 시대 때는 보당암이라 했고, 《삼국유사》를 쓴 일연이 젊은 시절에 머물기도 했다. 임진왜란 전후로 퇴락했다가, 광해군과 인조 대에 와서 중창되었다. 1900년에는 고종이 영친왕을 황태자로 봉한 후에 이를 기념하기 위해 절을 중수했으나, 대한제국 몰락 후에는 일제가 1917년 절을 강제로 뜯어냈다. 대견사 터가 일본 대마도를 누르는 형국이라는 이유 때문이었다. 빈터로 남은 대견사를 2012년에 동화사와 달성군이 중창하기로 결정하고 공사를 시작했다.

낙동강은 곧게 뻗어 내려오던 강줄기가 하빈면에서 꺾어지고, 다산면에서 또 한 번 틀어져서 강정에서 동남향으로 돌아섰다가 현풍면을 지나면서 북서쪽으로 거꾸로 올라붙어 개진나루를 지나서야 다시 동남향으로 빠져나간다. 조화봉에서 펴져 나간 산줄기가 서북향으로 뻗어 나가면서 낙동강을 서북방으로 몰아세우는 기세다.

산과 물이 밀고 당기면서 커다란 태극무늬를 만들어 낸다. 이 같은 형상은 흔치 않은 길지의 지세를 뜻한다. 특히 현풍면을 감아 도는 유장한 낙동강의 모습은 보는 사람을 압도할 정도의 위용을 지닌다.

비슬산에서 뻗어 나간 산자락 중에서 와우산성을 거쳐 현풍면 들녘의 북쪽을 가로지르는 산세는 뱀의 형상이다. 평온하고 다산을 상징하는 난생의 분위기가 지배하지만, 한편으로는 거북이알을 노리고 부지불식간에 밀려 들어온 뱀의 기운이 도사린 지세다. 거북이와 뱀이 맞닥뜨린 이런 지세를 구사취회龜蛇聚會라 한다. 평온하면서도 긴장감이 도는 형국이다. 현풍천과 차천이 거북이를 감싸니 거북이한테 아주 이로운 기운을 준다. 특히 달창저수지에서 흘러나와 낙동강으로 들어가는 차천은 거북이 좌측으로 흐르는 좌청룡수左靑龍水로, 돌아 나가는 물기운이 길지를 만드는 결정적 역할을 한다.

비슬산의 다른 자락은 멀리 화왕산까지 뻗어 나갔다가 천왕산 곰실재에서 다시 서북방으로 올라서서 현풍면 들녘 남쪽의 대니산戴尼山까지 밀고 올라온다. 현풍면 들녘의 모든 산기운과 물기운이 서북향으로 강하게 쏠렸음을 볼 수 있다.

조선 중기에 쓰인 영남의 인문지리서인 《영지》에는 비슬산을 포산苞山이라 하고 이 지역의 중심이 되는 뿌리라고 봤다. 현풍면은 일두 정여

창, 한훤당 김굉필 등이 제일강산第一江山이라 추켜세웠던 곳이라고 기록되어 있다. 그리고 1,000리 낙동강이 현풍면에 이르러 뒤틀리고 뒤틀려서 역류를 이룬다고 기록되어 있다.

《영지》의 기록에 의하면, 고려 말의 신돈이 모친의 산소를 비슬산 자락에 있는 필봉산에 모셨으나, 실권하고 주살된 후에 고려 조정에서는 지관의 해석에 따라 그 묘를 파헤치고, 그 후에 다른 사람이 그 터를 다시 취하지 못하도록 인공으로 못을 만들었다고 적혀 있다. 그래서 비슬산은 예로부터 왕권을 넘보는 지세를 품었다는 얘기가 돌았다. 지금은 고려 때 만들었던 못이 없어지고 다시 땅이 드러난 상태다. 필봉산은 현풍면 들녘에서 쉽게 쳐다볼 수 있는 산이다.

비슬산의 한자 풀이에 '임금 왕王' 자가 넷이나 들었으니 비슬산 자락에서 왕이 넷이나 나올 것이라는 항간의 속설도 풍수적 해석으로 보자면 전혀 근거 없는 얘기는 아닌 셈이다. 실제로 여성스러운 기운을 품은 비슬산 자락의 달성군에 정치 기반을 둔 지역 출신 국회의원이 대한민국 최초의 여성 대통령에 오른 후에는 이런 속설이 무게를 더한다.

현풍과 구지 지역의 이 같은 지세를 현실적으로 풀어 보면 다음과 같다. 우선 대구에서 가장 장래성 있는 지역이라 할 수 있다. 왕성한 생산력을 지니고, 새끼 거북이들이 알을 까고 나와서 성장하는 것처럼 무럭무럭 자라나고 뻗어 나가는 기운을 지닌다. 또 낙동강의 물줄기를 서북향으로 돌린 이 지역의 강한 지세가 중국으로 기운을 뿜어내고 중국의 기운을 받아들일 수 있는 여건을 갖춘 형세다.

현실적으로 이곳에 공단이 들어서면 생산되는 물자들이 중국으로 수출되고, 또 중국의 돈과 물자가 이곳으로 흘러들어 올 것이다. 금거북이가 알을 낳는 지세에서 거북이 등 위에 올라앉은 격인 신도시에서는 사람과 땅이 귀하게 대접받을 것이다.

거북이가 알을 낳고, 그 알에서 새끼들이 부화하고, 새끼들이 어미 거북이로 점점 커지고 강건해지듯이 현풍과 구지 지역은 부의 축적이 빠르게 이뤄지는 기운을 지닌 땅이다.

# 겨울 찬바람과 맞서는 깐깐한 선비의 기개

## 구지 대구 국가산업단지

넓은 강변의 모래밭에 기러기 떼가 돌면서 내려앉는다. 사이언스파크가 들어서는 달성군 구지면 응암리 일대는 평사낙안平沙落雁의 형국이다. 비슬산에서 출발하는 산줄기가 남쪽으로 창녕군의 천왕산을 돌아 창녕군과 달성군의 경계인 달창저수지에서 현풍면과 구지면으로 흐르는 차천을 끼고, 창녕군 대합면의 태백산으로 올라섰다가 들녘을 한 바퀴 휘돌아 마침내 응암리, 지금의 사이언스파크 산업단지로 내려앉는다.

산기운은 여기서 힘을 더해 구지면의 끝자락인 도동리까지 낙동강을 서북으로 밀어 올리며 기운차게 뻗어 나간다. 낙동강을 서북으로 밀어 올린 지세는 한아북비寒鴉北飛형이다. 추운 겨울에 기러기가 북쪽으로

---

이 글은 〈영남일보〉 2014년 8월 6일자에 '풍수로 보는 대구 · 경북 산단과 택지' 시리즈물의 첫 번째 기사로 현풍의 대구 국가산업단지에 대한 내용이다.

힘차게 날아가는 형국이다.

길 떠나는 기러기는 그동안 알을 낳아 정성껏 기른 새끼들을 거느리고, 듬뿍 영양을 취한 후에 무리를 지어 먼 길을 떠난다. 《규합총서》에서 기러기는 신信 · 예禮 · 절節 · 지智의 덕이 있다고 적혀 있다. 또한 기러기는 암컷과 수컷의 사이가 좋다고 해서 전통혼례에서는 나무 기러기木雁를 전하는 의식이 있다. 또 다정한 형제처럼 줄을 지어 함께 날아다니므로 남의 형제를 높여서 안항雁行이라고도 한다. 기러기들이 이동할 때 경험이 많은 기러기를 선두로 해 V자 모양으로 높이 날아가는 것은 서열과 질서를 상징하는 것으로 여겨진다.

기러기에는 또 좋은 소식을 전하는 상서로움이 깃들었다고 여긴다. 소식을 전한다는 것을 현대적으로 해석하면 정보 산업과 연결된다. 〈십장부가〉라는 시에 기러기에 대한 언급이 있는데, 기러기가 물 위를 떼 지어 날 때 대장 기러기의 입에 반드시 갈대를 물어 목마를 때를 대비한다는 대목이다. 풍족한 가운데서도 항상 대비하는 신중함을 엿볼 수 있다.

현풍의 대구 테크노폴리스가 비슬산 조화봉을 주산으로 한 금구난생 형세임에 비추어 볼 때, 이곳에는 왕성한 생산력을 바탕으로 예의와 염치를 갖추고 문화를 융성케 해 지혜와 지식을 추구하는 분위기가 깃들었음을 알 수 있다.

이곳 지명인 구지를 풀이하자면 '구할 구求'에 '지혜 지智'로 지혜를 추구한다는 뜻이다. 사이언스파크가 들어서는 것이 우연이 아니라 필연처럼 느껴지는 대목이다.

사이언스파크 북쪽에 장중하게 버티고 앉은 대니산戴尼山은 이곳에 살았던 대학자인 김굉필이 새로 붙인 이름이다. 공자의 모친 안 씨가 빌어서 공자를 낳았다는 이구산尼丘山을 기린다는 뜻에서 이구산을 머리에 인다는 뜻으로 대니산이라는 이름을 붙였다.

기러기가 날아들고 날아오르는 번잡한 가운데, 대니산은 진중함으로 분위기를 차분하고 묵직하게 다잡아 준다. 1,000리를 흐르는 낙동강은 현풍에 이르러 뒤틀리고 뒤틀려서 북쪽으로 되돌아 역류한다. 산과 강이 어울려서 아주 큰 산태극수태극의 형상을 만들어 낸다.

한아북비 형국에서 겨울 기러기는 냉철한 지성을 상징한다. 현풍과 구지는 우리 역사 속에서 오랫동안 큰 선비와 불굴의 장군이 많이 배출된 땅이다. 이곳은 전국에서 가장 많은 집성촌이 몰려 있으며 동네마다 불천위不遷位, 즉 큰 공훈이 있어 영원히 사당에 모시는 것이 허락된 신위를 모신 집안이 즐비하다.

대니산 남쪽 자락의 아룻마에는 곽재우 장군을 낸 현풍 곽 씨 세거지가 있고, 모란과 새땀 갈래에는 밀양 박 씨들이 산다. 대니산 동쪽 나부실에는 김굉필의 일족인 서흥 김 씨들이 모여 살고, 고봉에 전주 이 씨, 대포에 파평 윤 씨, 매방에 김해 배 씨, 대바우에 경주 최 씨, 중담에 경주 김 씨, 사동에 창녕 조 씨, 샛터에 경주 이 씨, 신유산에 완산 전 씨, 오리에 군위 방 씨 등이 터줏대감 노릇을 하고 있다. 예로부터 이곳을 좋은 땅으로 알아보고 찾아들어 자리를 잡은 탓이다.

안촌의 12정려문은 현풍 곽 씨 문중의 정절과 기질을 상징한다. 임진

대구 국가산업단지에는 첨단 기술을 갖춘 기업들이 차곡차곡 들어설 예정이다.
사진은 단지의 남쪽에서 바라본 대니산 전경이다.

왜란 때 안은현감이던 곽준郭䞭이 호남의 황석산성에서 왜적과 싸우다가 두 아들과 딸, 며느리와 함께 죽은 후에 순조로부터 정려旌閭를 받은 것을 시작으로 이 마을 사람 12명이 왕으로부터 정려를 받았다. 정려는 정문旌門을 세워 충신, 효자, 열녀 등에게 표창하는 것을 뜻한다.

한아북비 형세의 서북쪽 끝자락에는 김굉필과 한강 정구寒岡 鄭逑를 모시는 도동서원이 낙동강을 북쪽으로 내려다보면서 자리 잡았다. 시류에 흔들리지 않고 고집스럽게 올곧은 주장을 굽히지 않는 선비의 기개를 상징한다. 겨울 찬바람을 마주하고 일사불란하게 날아가는 기러기 떼처럼 대장 기러기를 앞세우고 세상과 의연히 맞서는 일단의 지식인들을 상상해 본다.

구지면 응암리는 물품이 풍부하고 생산력이 왕성할 뿐만 아니라, 산업 측면에서도 지식과 지혜가 넘치는 땅이다. 또 한편으로는 시대를 이끄는 큰 선비를 배출할 수 있는 강인함과 진중함이 서린 땅이라고 할 수 있다.

# 똬리를 틀고 앉은 편안한 용 한 마리

## 대구 대곡 2지구

신비롭기만 했다. 똬리를 튼 용이 여의주를 희롱하며 노닌다는 반룡농주蟠龍弄珠 형세를 가진 한실마을(대곡)에는 진짜 여의주가 드러나 보였다. 편안하게 자리 잡은 용이 무심코 내민 혓바닥 끝에 커다란 바위산이 놓였다. 북서향의 용머리 앞에 놓인 바위산은 마침 한창 작업 중인 불도저와 굴착기가 땅의 겉을 걷어 내는 중이어서 여의주 형상을 더욱 뚜렷이 드러냈다.

택지 개발을 위해 인근 논밭과 같이 평탄화 작업이 진행 중이었다. 황토 속에 묻힌 거대한 바위는 깨어서 긁어내는데도 여전히 커다란 바위산의 형태를 유지했다. 반룡蟠龍이라 함은 똬리를 틀고 웅크린 아주 편안

---

이 글은 〈영남일보〉 2014년 8월 13일자에 '풍수로 보는 대구 · 경북 산단과 택지' 시리즈물의 두 번째 기사로 대구 대곡 2지구에 관한 내용이다. 현장답사 중에 마침 토목공사가 진행 중이어서 그때의 모습을 자세히 설명한 대목이 나온다.

반룡농주형 터에서 드러난 여의주의 모습이다. 원래는 산봉우리였으나 토목공사로 주변의 표토를 걷어 내니 제 모습을 드러냈다. 현재 이곳에는 아파트 단지가 들어섰다.

한 용의 모습을 말한다. 용이 존재하지 않는 상상 속의 상서로운 동물이라면, 여의주는 원래 불교에서 모든 소원을 이뤄 준다는 공상 속의 보물을 일컫는다.

반룡농주는 풍수지리에서 가장 이상적인 국세 중의 하나다. 반룡농주의 형세가 나오기 위해서는 우선 산기운이 크게 한바탕 휘감아 줘야 한다. 크게 휘감아 내려앉은 산세는 주변의 산줄기에도 영향을 줘서 모두가 휘감기는 기운에 힘을 보태기 마련이다. 그렇게 이중 삼중으로 휘감아 앉은 산세의 안쪽은 아늑하고 편안할 수밖에 없다. 그래서 반룡농주 형세는 여유만만하고 편안한 기운을 만든다.

마을 이름에서 '한실'은 글자 그대로 큰 터가 있다는 뜻이다. 비슬산에서 출발한 산기운은 대구 앞산(대덕산)을 거쳐서 달구벌 넓은 땅을 열고 그 끝자락에 와룡산으로 매듭을 짓는다.

그중에 영민한 용 한 마리가 비슬산에서 뻗어 나온 청룡산에서 슬그머니 빠져나와 한실마을을 차지하고 머리를 드리운 것이다. 청룡산에서 갈라진 산줄기는 대구로 내려가는 산기운을 한 손에 틀어쥔 형국이다. 사람의 형상에 비유하자면 산맥의 허리를 휘어잡고 내려앉은 셈이다. 그만큼 기운이 실렸다는 뜻이다.

용의 꼬리가 서쪽으로 멀리 돌아 서북 방향을 막아 주고, 오른쪽 발이 반대편에 걸쳐져 자연스럽게 물막이를 한다. 달비골에서 흘러내리는 물을 앞쪽으로 가두어, 마치 용이 우묵한 연못에 몸을 반쯤 담근 형국이다. 마음만 먹으면 언제든지 하늘로 올라갈 수 있는 용이 여의주를 혓바닥 위에 올리고 여유를 부리니 그야말로 만사가 뜻대로 된다는 만사형통의 형세다.

비슬산의 중심 줄기는 앞산 자락 삼정골에서 달구벌 들판으로 내려서서 두류산을 거쳐 비산(날뫼)을 지나, 와룡산을 올려 세운다. 와룡산은 금호강을 사이에 두고서 건너편 사수동(금호지구)에 내려앉은 팔공산 줄기와 마주한다. 기세 좋게 금호강마저 밀어 올린 산기운은 그곳에서 머뭇거린다.

사수동의 사수泗水는 용의 콧물을 뜻하는 것으로, 공자가 태어난 동네를 가로지르던 개천의 이름에서 따온 것이다. 공자가 이구산 아래 사수가 흐르는 동네에서 태어난 것에 짜 맞추면 달성군 구지면에 대니산이 있고 이곳에 사수동이 있는 셈이다.

대니산 아래에 자리 잡은 김굉필이 공자를 기려서 산 이름을 고친 것처럼, 정구도 만년에 이곳에 들어와 후진을 양성하면서 동네 이름을 사빈泗濱에서 사수로 바꿨다. 김굉필과 정구를 함께 모신 도동서원은 달성군 구지면 대니산 북쪽 기슭에 북쪽으로 거슬러 흐르는 낙동강이 내려다보이는 터에 자리 잡았다.

사수동에 웅크린 용의 콧잔등 앞에 놓인 작은 봉우리가 여의주라면, 와룡산과 어울려 쌍용쟁주雙龍爭珠의 형세를 연출한다. 두 마리 용이 여의주를 앞에 두고 다투는 역동적인 형세다. 자고로 싸움판에는 끼지 않는 것이 상책이다. 청룡산에서 옆으로 빠져나간 대곡지구 반룡농주의 주인공은 턱을 괴고 드러누워서 멀리서 벌어진 싸움판을 구경하는 셈이다. 대곡지구는 그만큼 여유만만하고 편안하고 커다란 터다.

어마어마하게 큰 기운을 가진 땅이 지금은 비워졌다. 주거단지 조성을 위해 땅이 팔려 토목공사가 진행 중이다. 내용이 채워지고 자연적 질서가 다시 회복되면 용이 하늘로 날아오르는 시기가 올 것이고, 그즈음이면 이 지역이 다시 활기찬 삶의 터전이 될 것이다. 이곳에 아파트 단지가 들어서면 어떤 복 많은 사람이 이 터전의 여의주 형상 위에 터를 잡고 삶을 꾸려 갈지 궁금하다.

조선의 왕 정조가 비운의 삶을 살았던 부친인 사도세자를 정성껏 모신 화성의 융릉이 이와 같은 전형적인 반룡농주 형세다. 대곡지구에서 언젠가 효심이 지극한 어느 가문이 일어나 세상에 널리 이름을 떨칠 큰 인물을 키워 낼 수 있을 것이라고 기대해 본다.

# 열심히 책 읽는 선비

## 대구 연경 택지지구

한 뿌리에서 나와 각기 다른 방향으로 내달렸다. 기약 없이 헤어졌다가 어느덧 다시 만났다. 반갑다. 마음이 즐겁고 덩실덩실 춤을 추고 싶을 지경이다. 양용상우兩龍相遇, 즉 용 두 마리가 서로 만나 즐겁게 어울리는 형국이다.

팔공산 동봉에서 동쪽으로 뻗어 나간 힘찬 산줄기는 갓바위를 지나 환성산을 돌아 공산지를 가로질러 연경지구로 곧장 내달린다. 팔공산 동봉에서 서쪽으로 흘러내린 산줄기는 파계봉을 만들고 도덕산으로 솟았다가 무태 쪽으로 뻗어서 내려앉는다.

내달리는 용의 형상을 한 산줄기가 동화천을 사이에 두고 마주했다.

---

이 글은 〈영남일보〉 2014년 10월 22일자에 '풍수로 보는 대구 · 경북 산단과 택지' 시리즈물 세 번째 기사로 대구 연경 택지지구에 관한 내용이다.

다시 만난 것이다. 반갑고 즐겁고 활기찬 분위기다. 동화천은 팔공산의 남쪽 사면으로 흘러내린 물줄기가 한줄기로 모여서 연경지구를 동에서 서로 가로지른다. 반가운 나머지 손을 뻗어 어깨를 툭툭 치고, 몸을 기대고, 마침내 서로 엉켜 붙을 기세다.

연경지구를 남북으로 에워싼 산기운이 이처럼 활기차고 시끌벅적하니 그 사이에 펼쳐진 개활지의 분위기도 오롯이 이와 같이 생기가 넘치기 마련이다. 동화천은 산의 움직임에 따라 이리 굽이치고 저리 넘쳐 어울려서 산태극수태극으로 연경지구를 관통한다.

연경지구의 행정 명칭은 무태조야동이다. 연경지구의 중심에 자리 잡은 인천 채 씨 종갓집 마당에서 사방을 둘러보면 이런 형세가 한눈에 들어온다. 종갓집 사랑채에는 대청마루와 높이를 달리해서 관수대觀水臺라는 누마루를 따로 두었다. 남쪽을 둘러선 산이 춤추는 학처럼 보인다. 학봉이 자리 잡았다. 남주작南朱雀 북현무北玄武의 형세다. 하지만 이 종갓집은 사업지구에 포함되어 헐렸다. 이외에도 고려 시대 문인인 이곡李穀의 인천 이 씨와 능성 구 씨 집성촌이 있다.

봉무동 이시아폴리스 지구의 주인 격인 학산과 연경동의 주산인 도덕산 사이에 동화천이 흐르는 셈이다. 학산은 형상으로는 큰 봉황의 모습으로 북쪽으로 날아드는 형국이다. 도덕산에 뿌리를 둔 용의 형상을 한 산기운이 기세 좋게 남쪽으로 뻗어 있다. 용과 봉황이 어울리는 용비봉무龍飛鳳舞의 형세를 연출한다. 실제로 항공사진을 보면 날개를 펼친 봉황의 형상과 용의 모습이 뚜렷하다.

용의 기운이 남쪽으로 뻗어 내리다가 멈춘 곳이 화암畵岩이다. 그림처럼 아름답게 생겼다고 해서 화암이라고 이름이 지어진 바위인데, 퇴계 이황이 '연경화암'이란 글을 남겨 더 유명해졌다. 화암은 남쪽에서 산기운을 거느리고 날아오르는 봉황의 머리 부분에 해당하는 바위기둥과 마주한다. 동화천이 흘러 나가는 방향으로 산자락이 겹겹이 막아서는 수구한문이 좋다. 재물도 모인다는 뜻이다.

연경지구의 지세는 인근의 단산지, 봉무지구와 어울리고, 장중하고 차분하게 자리 잡은 도덕산과도 상응한다. 학이 춤을 추는 고귀함을 품고서 또 한편으로는 진중함을 더하고, 매일 열심히 책을 읽는 선비를 연상케 한다. 공부를 열심히 해야 할 젊은이들에게 어울리는 지세이고, 등용문을 열고 나갈 출중한 인재를 길러 내기에 적합한 터라고 할 만하다. 게으름이 없이 생산성이 무궁무진한 분위기를 지녔으니, 사회생활 초년에 열심히 일해서 차곡차곡 재물을 일구는 회사원에게도 제격이겠다. 연

대구 연경 택지지구는 두 마리의 용이 즐겁게 어울리는 형국으로 생기가 넘친다.
이곳에는 현재 아파트가 들어섰으며 아파트 단지 중앙으로 동화천이 흐른다.

경동의 연경研經은 경서를 연구하고 공부한다는 뜻이다. 이 곳에는 사액서원인 연경서원이 있었으나 흥선대원군이 헐어 냈다.

무태無怠의 지명에는 몇 가지 설이 있다. 왕건이 공산전투에서 견훤에게 대패해 도주하면서 부하들에게 '쉬지 말고 빨리 가자無怠以促足'라고 독촉해 무태라고 했다는 설, 왕건과 신숭겸 장군이 야행하면서 '이 마을 아낙네가 야밤에도 부지런히 길쌈을 해 게으름이 없다動織組而無怠乎'고 말한 데서 연유했다는 설이 있다.

그리고 서변동에 위치한 서계서원의 기록에 따르면 마을의 지명은 '왕건 군대가 견훤 군대를 치러 갈 당시 경계심을 늦추지 말라고 했다洞卽麗朝之討甄萱時警軍曰無怠者也'는 데서 유래했다는 설, 왕건 군대가 이곳을 지날 무렵 부지런한 사람들이 많은 것을 보고 게으른 사람이 없는 곳이라는 뜻에서 유래했다는 설 등도 있다.

여하튼 이곳 지명은 쉬지 않고 부지런히 공부한다는 뜻이 서린 곳이다.

# 거팔래팔(去八來八)의 풀무 형국

## 포항 블루밸리 산업단지

포항시 동해면에 가파르게 솟아오른 조그만 산인 조항산을 축으로 동북으로 내달리던 산들이 모두 동남쪽으로 중심을 향해 되돌아서 감겨든다. 중심으로 이어진 자루의 한쪽 끝을 끌어당기면 이어진 산자락들이 줄줄이 딸려서 오는 형세다.

보현산으로 들어온 산기운이 자인 구룡산을 거쳐 해발 1,000m가 넘는 가지산으로 올라섰다가, 통도사가 있는 양산의 영취산을 만들고 다시 되돌아서 언양고개를 넘고 토함산으로 올라섰다가 이곳으로 밀고 들어온다. 언양고개로 올라선 산기운은 왼쪽으로 형산강을 만들고 오른쪽으로는 태화강을 만들면서 한반도의 꼬리 부분을 향해 동해로 밀고 들

---

이 글은 〈영남일보〉 2014년 10월 23일자에 '풍수로 보는 대구 · 경북 산단과 택지' 시리즈물의 네 번째 기사로 포항 국가산업단지인 일명 블루밸리에 대한 내용이다.

어간다.

동해면 중산리를 중심축으로 큰 풀무 형국을 형성하는 지세에서 왼쪽 날개 위에는 포스코가 들어서 있다. 오른쪽 날개는 새로운 공업단지로 개발될 블루밸리가 들어서는 대화천 주변의 공당리, 죽전리 일대다. 지금까지 풀무의 한쪽인 포스코가 그야말로 대장간의 풀무처럼 쇳물을 녹여서 한반도의 산업화를 뒷받침했다면, 이제 나머지 한쪽 풀무도 새로운 시대를 열어갈 힘의 원천이 되지 않을까 하는 기대를 한다.

엇갈린 힘이 역동적으로 뒤엉키는 형세를 보여 주는 거팔래팔의 풀무 형세에서 동북으로 뻗은 자루를 중심으로 기존의 포스코와 블루밸리가 좌우 대칭을 이루는 셈이다. 포스코가 한국 근대화와 산업화의 견인차 역할을 했다는 점은 부정할 수 없는 사실이다.

이제 블루밸리가 들어서면 새 시대를 이끌어갈 첨단 업종이 들어서서 한국 경제에 끊임없이 풀무질을 하는 역할을 감당할 것이다. 블루밸리가 들어서는 공당동은 마을의 지세가 돌쩌귀가 놓이는 구멍처럼 생겼다 해서 붙여진 이름이다. 공당동이라는 지명은 풀무 지형의 중심축 역할을 암시한다.

한편으로는 오천 정 씨 세거지인 이곳에 정응성鄭應星이라는 대학자가 나면서 '공자 같은 분의 서당'이라고 해서 공당리孔堂里라는 지명이 붙었다고도 한다. 공당동에서 돌아서 자리 잡은 도래말은 회전하는 지세다. 회촌廻村이라고도 하는 도래말에는 창녕 이 씨 세거지가 자리 잡았다.

포항 국가산업단지는 풀무형 지세로, 포스코와 함께
대장간의 풀무처럼 우리나라의 미래를 이끌 커다란 동력이 될 것이다.
사진은 LH공사 제공이다.

새터말을 지나 골짜기 아래쪽에 있는 아르무자골은 좋은 약수가 난다고 해서 수자골이라고도 한다. 한달비大達飛마을은 학달비라고도 하는데, 바다에서 이곳을 보면 마치 날아오르는 커다란 학 한 마리와 같다 해서 붙여진 이름이다. 마산리馬山里는 마을 뒷산이 머리를 육지 쪽으로 두고 바다에서 뛰어나오는 말의 형상을 닮았다 해서 붙여진 이름이다.

상정리上政里의 구정九政마을은 이 씨 성을 가진 정승의 후손이 정착한 후에 안 씨, 정 씨, 황보 씨 등 아홉 가문이 어울려 살았던 곳이다. 중흥리의 배일골은 마을 뒷산이 마치 배를 엎어 놓은 것처럼 생겨서 그런 이름을 얻었다. 발산동의 여사리余士里는 동네 사람 모두가 선비 행세를 한다고 해서 생긴 이름인데, 그만큼 이 지역에는 내로라하는 잘난 집안들이 많았고, 지금도 집성촌을 형성한 마을들이 골짜기를 차지한다.

예전에 모래사장이었던 해변가를 어룡사漁龍沙 혹은 어룡불, 어링이불이라 불렀다. 동해면 약전리로부터 형산강을 지나 포항시 두호동에 이르는 넓은 모래밭은 동지섣달에 하늬바람이 불 때면 눈을 뜰 수 없을 만큼 혹독했고 아무나 발을 붙이기 어려운 황무지였다.

조선 시대 풍수지리에 관한 사항을 관장하던 관청인 관상감의 기록에 따르면 "어룡사에 대나무가 솟으면 가히 수만 명이 기거할 곳이고, 서양 문물이 들어오면, 돌이키건대 모래밭이 없어진다"고 했다. 수백 년 전의 예측이 그대로 맞아떨어진 것이다. 어룡사에 대나무처럼 생긴 굴뚝이 들어서면서, 포스코를 중심으로 마침내 도시가 형성되고 넓은 모래사장은 사라지고 말았다.

산과 들이 어울려서 그 생긴 모양대로 사람의 삶과 역사를 이끌어 가고 때로는 그럴 수밖에 없도록 유도하는 것을 느낄 수 있는 대목이다.

# 500년 후에 자기 땅에 다시 묻히다

## 왜관 벽진 이 씨 입향시조묘

왜관에 대대로 살아온 벽진 이 씨들과 내가 인연을 맺은 것은 우연이었다. 친한 지인의 손윗동서가 부친상을 당한 것이 그 계기였다. 모 그룹의 대표였던 상주는 벽진 이 씨 집안의 부친이 왜관향교의 전교를 지낼 만큼 고향에서도 명망가였다. 집안에서 법무부장관도 나오고, 지방검찰청장을 지낸 분도 있었다.

연락을 받고 내려가서 터를 봐주고 왔는데 다음날 하관 시간이 문제가 되었다. 집안에서 잡은 하관 시간은 오시, 즉 오전 11시부터 오후 1시까지였다. 내가 일진을 뽑아 보니 사시, 즉 오전 9시부터 오전 11시까지로 나왔다. 이를 상주에게 알렸더니 평소 매사에 긍정적이던 상주가 그 자리에서 당장 시간을 바꾸고 새로 일일이 문자메시지를 보내 시간 변경

---

이 글은 〈한국성씨문화〉 2015년 겨울호(제22호)에 게재되었다.

을 알렸다.

발인 당일 9시 반, 현장에 운구가 도착했는데 하늘이 잔뜩 흐려서 곧 바로 비가 쏟아질 것 같은 분위기였다. 그런 가운데 10시에 시간을 맞춰 하관을 했다. 하관을 하고 첫 달구(땅을 다지는 데 쓰는 도구)를 밟는데 어김없이 후드득 빗방울이 떨어지기 시작했다. 천막을 치고 봉분 작업을 계속해서 그나마 마무리를 할 수 있었다. 그날 10시 반부터 내리기 시작한 소나기는 하루 종일 그칠 줄을 몰랐다. 범절이 올곧은 양반인 상주가 전문가의 의견을 잘 받아 줬기 망정이지 만약 상주가 오시에 하관을 고집했더라면 산역이 물 범벅, 흙 범벅이 될 뻔한 일이었다.

이인손의 묘를 이장한 출진도강 형세의 터. 멀리 낙동강이 내려다보이고,
도열한 병사들처럼 가야산 자락이 늘어섰다.

이 일로 인해 나와 그 상주는 각별한 인연이 되었다. 그러고는 한동안 잊고 지냈는데 다시 기별이 왔다. 벽진 이 씨의 왜관 입향조인 이인손 진사의 묘를 이장해야 한다는 것이었다. 구미공단 진입로 확장공사로 500년이 족히 넘은 오래된 분묘를 헐어 내서 옮겨야 할 상황에 처해 이미 모 대학의 교수를 겸하는 풍수를 불러 터를 찾아봤으나 여의치 않았던 모양이었다. 이 땅에는 더 이상 터가 없다고 했단다.

문중에서 논란을 거듭한 끝에 예전의 그 상주가 찾아와 자초지종을 얘기하고 내게 도움을 청했다. 전국의 산야를 거의 둘러봤지만 이곳을 꼼꼼히 들여다본 적은 없어서 이 일은 왜관읍을 둘러싼 산세를 마음으로 정리할 수 있는 좋은 기회가 되었다.

우선 500년 전에 들어앉은 입향시조의 묘는 갈마음수喝馬飮水형, 즉 목마른 말이 물을 마시는 형국의 명당이었다. 왜관읍의 뒷산인 작오산은 산세가 역동적이었다. 작오산은 백운산의 오른쪽, 즉 백호의 기운이 서남쪽으로 진행하다가 낙동강을 만나 멈추면서 올라선 산이다. 백운산은 대구의 진산인 팔공산에서 출발해 가산을 만들고 서쪽으로 진행하다가 다부동에서 유학산을 버팀목으로 삼아 크게 살림을 차려 넉넉한 모습이다.

백운산 자락에는 하빈면, 지천면, 동곡면 등이 자리 잡았다. 그중에서 특히 묘골은 순천 박 씨의 세거지로서 명당 양택지로 소문난 마을이기도 하며 사육신을 모신 사당인 육신사六臣祠가 그곳에 있다. 이 산자락에서 난 근래 인물로는 고 박준규 국회의장, 삼성가의 안주인이었던 고 박두을 여사를 비롯해 이수성 전 국무총리에 이르기까지 기라성 같은 인걸을 밤하늘의 별처럼 많이 배출했다.

낙동강 가에 올라선 작오산의 모양은 마치 강을 건너 출진하는 장군의 출진도강出陣渡江형이다. 이 산의 중심 맥에는 작전을 진두지휘하는 장군의 천막과 같은 장소가 있어 장군 출진의 전체 형국에서 혈자리가 된다.

여기에 이 진사의 이장 터를 정했다. 작오산의 오른쪽 맥은 마치 장군의 용마가 장군의 배려 아래 편안히 휴식을 취하며 물을 먹기 위해 엎드린 형태다. 바로 이 자리에 이 진사의 500년 유택이 자리 잡았다. 좋은 자리를 차지하고 앉은 명당이 끊임없이 후손들에게 좋은 기운을 전달한 것으로 보였다.

강 건너 약목면 쪽에는 승전고를 울리는 북에 해당하는 둥근 봉우리가 특히 아름다웠다. 멀리 가야산 뒷자락 성주군 들녘에 펼쳐진 높고 낮은 봉우리는 기치창검을 높이 들고 환호하는 병사들의 행렬처럼 힘찬 모습이다. 출진하는 장군의 천막 자리에 터를 잡으니 그 땅이 바로 이 진사가 후손들을 위해 500년 전에 마련해 둔 산자락이었다. 입향시조가 500년 전에 미리 마련했던 그 터에 자기가 다시 들어앉게 된 셈이다.

이곳은 외국 문물이 들어오는 출입처로서의 형국도 갖추었다. 그 덕분인지 조선 시대에는 이곳에 일본인들이 머물던 왜관이 있었고 지금은 미군이 주둔한다.

오래 묵은 큰 터를 헐어 내는 일이 소문난 모양이었다. 500년 동안 자리를 지키면서 발복을 이어 왔던 명당인 만큼 경향 각지의 풍수계 인사들이 관심을 가지고 찾아왔다. 그 무리 중에 한 사람이 나섰다. 자기가 한 달 전에 270년 묵은 좋은 산소를 헐어 내서 이장을 했는데 정강이뼈만 겨우 남았었다

이장하기 전 이인손 부부의 묘. 부인의 묘가 이인손의 묘보다 위쪽에 자리 잡고 있었다.

고, 그러니 500년 묵은 이 산소에는 뼈가 거의 남지 않았을 것이라고 말하는 것이었다.

낙동강 가에 바람이 센 터에다가 입향시조의 부부 묘가 아래위로 놓였다. 서로 날카롭게 말을 주고받는 가운데 내가 나서서 설명했다. 소골消骨이 되어 뼈가 없을 듯이 보이지만 이 터는 청룡백호가 없는, 즉 '무용호대지無龍虎大地'인 고로 큰 터일 뿐만 아니라 혈처로 맺어져 기운이 있는 장소이기 때문에 유골이 온전할 것이라고 단호하게 말했다.

파묘를 해서 회다짐, 즉 관과 구덩이 사이를 메운 석회를 깨고 관을 드러내니 발가락뼈 하나도 손상이 없이 그대로 남아 있었다. 회벽에 목관을 한 탓에 시신이 잘 보관되었다느니, 장사를 지낸 방법이 좋아서 뼈가 그대로 남았다느니 뒷말들이 많았다.

회다짐에 둘러싸인 관을 뜯어내니 관 바닥에 북두칠성을 상징하는 일곱 개의 구멍이 뚫려 있었다.

특이한 것은 먼저 세상을 뜬 부인의 묘가 이 진사의 묘 위에 있다는 점이었다. 묏자리는 터를 중심으로 정할 일이지 아래위가 따로 없다는 것을 보여 주는 배치인 셈이다.

또 한 가지 특이한 점은 이 진사가 스스로 터를 잡고 장묘 의식을 진행했던 부인의 묘가 더 야무지게 자리 잡았다는 것이었다. 거푸집을 써서 회벽을 쳤는지 아주 두터운 데다 관도 두꺼운 나무로 빈틈없이 짜여 있었다. 회다짐 그대로 들어 올려도 끄떡없는 데다 달리 방법이 없어 절단기를 동원해서 회다짐을 잘라 낸 다음에야 관을 들어낼 수 있었다.

그에 비해 이 진사의 묘는 회벽도 훨씬 얇고 관도 허술해 보였다. 남편의 정성스런 손길로 매만진 부인의 묘가 정작 자식들이 만든 본인의 묘보다 눈에 띄게 튼튼하고 빈틈없이 만들어진 것이다. 자식들의 손길은 그저 대충이라 부실공사에 가까웠다. 속설처럼 아무래도 배우자의 손길이 자식 손길보다 따뜻하다는 말이 언뜻 수긍이 갔다.

부인 묘의 회벽 안 널바닥에 동전만 한 구멍이 일곱 개나 뚫린 것도 특이했다. 배치로 보아 북두칠성을 표시한 것 같았다. 칠성판이라는 말을 실감나게 만드는 모양이었다. 회벽을 그렇게 튼튼하게 앉혔는데도 군데군데에 잔금이 있었다. 짐작건대 이곳이 6·25 때 격전지였던 만큼 잦은 폭격으로 땅이 흔들려 부서진 것으로 추측될 따름이었다.

좋은 터를 찾아 이를 미래의 후손들을 위해 안배하고 마련하는 조상들의 지혜도 놀랍거니와 조상이 물려준 터를 개인적 재물로 여기지 않고 500년이라는 긴 세월 동안 잘 지키고 갈무리해서 다시 조상을 모시는 일에 쓰임새가 닿도록 하는 그 후손들도 대견스럽기 그지없었다.

# 좋은 집터에 부모 모시기

어릴 때 아이는 할아버지의 무릎에서 자란다. 철이 들면서 할아버지가 돌아가시면 마을 뒷산에 모시고, 자신이 자식을 낳으면 할아버지가 된 아버지에게 자식을 맡겨서 돌보게 했다. 자식이 자라서 손자를 낳으면 그 손자를 내 주변에서 키우고, 나이 들어서는 자연스럽게 죽음을 맞이했다. 이러한 순환적 돌봄이 죽음에 대한 공포를 지웠다. 우리의 장묘제도는 이런 큰 테두리 안에 놓인 오래된 전통인 셈이다.

이제는 나이가 들면 요양원이나 노인병원으로 가야 한다. 오랫동안 살던 집과 터전을 떠나야 한다. 집은 자신이 태어나고 생활하고 모든 기억과 삶의 궤적이 응축된 곳이다. 돈으로 환산할 수도 없고 무엇과 바꿀 수 없는 가치를 지닌다.

---

이 글은 〈한국성씨문화〉 2015년 가을호(제21호)에 게재되었다.

죽기 전에 터전을 떠나는 것은 자연스럽지 못하다. 낯선 곳에서 죽음을 맞이해야 한다는 것도 어색하다. 집을 떠나서 죽는 것을 객사라고 했다. 객사했다는 말은 욕이 될 정도로 복이 없음의 대명사였다.

효도의 실천은 예로부터 어려운 일이라 했다. 나이 드신 부모님을 가까이 모시고 가족들과 함께 살다가 돌아가실 수 있도록 배려하는 것도 효도의 중요한 덕목이다. 죽은 부모를 명당에 모시는 것도 중요하지만, 살아 계신 부모님을 좋은 집터에 편안하게 잘 모시는 것이야말로 자손들의 발복에 큰 영향을 끼친다고 봐야 한다.

풍수를 직업으로 삼은 후 얼마 지나지 않아서였다. 지금은 고인이 된 영남대학교 철학과 채 박사와 인연이 있어서 현풍면에 있던 집터와 산소를 감정한 적이 있었다. 채 박사는 모친이 돌아가시자 부친 산소 옆에 미리 잡아 둔 터에 모셨는데, 그 후로 장남이 사고로 사망하고 장손이 사이비 종교에 빠지는 등 집안이 어려워지자 혹시나 하는 마음에 풍수를 봐 달라고 기별이 왔다.

사연을 더듬어 보니, 채 박사가 연로한 모친을 모셨던 고택은 이른바 '마당 깊은 집'이었다. 살아 계신 모친을 좋은 터에 잘 모실 때는 아무런 문제가 없었는데 모신 산소가 문제였다. 달창저수지 둑 옆 티피산(퇴포산) 자락에 자리 잡은 산소는 선친이 생전에 미리 마련한 터였는데 서북향에 습지였다. 용이 서북으로 진행하다가 동북으로 틀어 가는 형국의 바깥쪽으로 나간 자리였다. 명당에 있던 모친이 흉지에 들어갔으니 집안이 편할 리 없었다.

채 박사에게 상황을 설명하고 가까이에 있는 선산을 살펴봤더니 비슬산에서 출발한 등산燈山 자락이 들로 내려앉은 괘등혈掛燈穴이 비어 있었다. 등산 비탈의 괘등혈은 필봉을 청룡 방향으로 쥔 큰 터였다. 이곳이 고려 말의 신돈이 모친을 모셨다는 그 전설적인 혈처가 있었던 곳이다.

달성공원 앞에 있는 삼성상회 터에는 기념 조형물이 설치되어 있다.
이 일대는 전형적인 좌공조만형으로 동국무역을 창업한 백 씨 집안의 집터와
신생 기업인 크레텍의 본사가 있다.

평촌리에 있던 채 박사의 집터는 대구 테크노폴리스라는 대규모 신도시에 편입되어 흔적도 없이 사라졌지만 전형적인 좌공조만 형국, 즉 앉은 자리는 텅 비어 있고 앞은 가득 찬 모양이었다. 평지인데 앞이 약간 높아서 기운이 다가오는 듯하고, 뒤는 살짝 낮아서 앞으로 받아들인 기운이 집 뒤로 맴돌아 눈에 보이지 않는 기류의 장막이 형성되어 공간 구분의 힘이 되는 형국이다.

'마당 깊은 집'이라 함은 대문 밖이 마당보다 높아서 마당에 떨어진 물이 자연스럽게 집 뒤로 흘러가게끔 되어 있기 때문이다. 이는 평지에 적용되는 기법으로 산에서 적용하는 배산임수와 같은 짝이다.

무릇 풍수란 산지에서 평지의 원리가 적용되어야 할 경우가 있고, 또 평지에서 산지의 향법向法이 적용되어야 할 경우가 있음을 잘 판단해야 한다. 산에서는 산이 용 노릇을 하고, 들에서는 물이 용 노릇을 한다. 살아서 꿈틀대는 용의 기운을 잡아내는 풍수의 역할이 그런 것이다. 이렇게 풀어서 해석되는 좌공조만법은 《지리오결》 '향향발미론'에 나와 있는 구절이다.

대구의 지형을 크게 보면 금호강이 뒤쪽에 놓인 현무이고, 신천이 청룡이 된다. 대략 대구에서 남향집을 지으면 좌공조만 형국이 된다는 뜻이다. 특히 대구천을 끼고 있는 전형적인 좌공조만형 터가 지금의 섬유회관 앞으로 지나가는 실골목 주변이다. 삼성그룹의 발원지인 삼성상회 터가 실골목의 끝자락에 자리 잡았었고, 동국무역을 일으킨 백 씨 집안도 이곳에서 살림을 시작했다. 지금도 이른바 책임기업(크레텍)이라는 건실한 공구업체가 이 부근에 본사를 두었다.

대구의 구시가지에 해당되는 진골목이나 시인 이상화 고택, 민족운동가 서상돈 고택, 현대백화점 대구점과 그 옆의 동아백화점, 염매시장 터가 모두 이런 형국이다. 이런 터들은 예나 지금이나 세월을 가로질러 아직까지 부귀영화를 누리고 있다.

풍수는 자고로 공간 구분에서 시작된다. 산줄기가 동네를 가르고, 또한 물이 마을을 구분 짓는다. 도로가 이웃을 갈라놓고, 집안으로 들어서면 마당을 좌우로 공간이 구분되고, 공간에 따라 응축되는 기운이 다르다는 것을 느낄 수 있다. 곧, 공간 구분이 풍수의 중심 개념이라고 할 수 있다.

산에서 공간을 구분할 때는 배산임수를 원칙으로 삼는다. 산을 등지고 물을 앞으로 안는 형국이 풍수의 정법이다. 앞에서 말했듯 산이 아닌 평지에서는 산줄기가 아닌 물줄기가 공간을 가른다. 물의 흐름이 주변 대기 중의 찬 기운을 끌고 가면서 물의 흐름을 따라 공기가 흘러가기 마련이다. 공기의 흐름이 눈에 보이지 않는 기류를 형성해 장막이 되고 언덕이 된다. 물의 흐름에 따라 에어커튼이 드리워지는 셈이다.

풍수의 이와 같은 기본 원리를 이해할 때 좌공조만 형국은 비로소 눈에 들어오는 좌향법인 셈이다. 우리 조상들은 이런 높은 경지를 일상 속에 녹여서 살았다. 옛것이라고 해서 모두 버릴 일이 아니다.

한반도는 태초부터 산세가 명확하고 준수한 미남형에 속한다. 산맥의 흐름이 활기차고 조밀해 공간 구분이 산뜻한 편이다. 대륙에 비해 부락 구성의 단위가 다양하고 오밀조밀하다. 이런 공간에서 태어나고 자란 사람들도 다양한 개성을 지니기 마련이다. 우리 민족의 독창성과 남다른 부지런함이 이런 연유라고 보는 것이 나의 시각이다.

# 김해 김 씨 삼현파 선산 이야기

김해 김 씨 삼현파는 청도를 세거지로 하는 집안으로 김극일, 김일손, 김대유로 이어지는 걸출한 세 선비를 배출했다. 김극일은 의흥현감을 지낸 김서金湑의 아들로 야은 길재冶隱 吉再의 문하에서 공부했다. 김극일이 태어나기 전에 부친이 꿈을 꾸었는데, 주자가 나타나 《소학》 한 권을 건넸다고 한다. 아들이 태어난 후에 이 책을 읽고 깨달으면 '출천지 효자'가 될 것이라 했다고 한다.

《신증동국여지승람》에는 이런 내용이 전한다. 김극일은 성품이 지극히 효성스러워서 모친을 위해서는 종기를 빨았고, 부친을 위해서는 곱똥을 맛봤다. 그 후에 부모 산소 옆에서 지내는 여묘살이 6년을 했는데, 한 호랑이가 산소 옆에서 새끼를 젖 먹이므로 김극일이 제사를 지내고 남은

---

이 글은 〈한국성씨문화〉 2016년 1호(제23호)에 게재되었다.

음식을 먹여 호랑이를 가축 기르듯이 했다. 김극일의 부친에게는 두 명의 천첩賤妾이 있었는데, 김극일은 생시에 이들을 섬겼고 죽어서는 1년 복을 입었다. 이 일이 왕에게 전해져 정려를 받았다는 기록이 전해진다.

이러한 효자가 잡은 부친 김서의 묘는 청도군 각북면 명대리에 있는 해발 303m의 나부산羅府山 아래 자리 잡았다. 풍각면에서 902번 도로를 따라가면 '명대 1리 계명동'이라는 돌로 음각된 안내 비석이 서 있다. 길을 따라 언덕을 넘으면 마을 앞에 금줄을 두른 당산목이 보이고, 마을 뒤에 제실인 모암재가 눈에 들어온다. 그 뒷산이 나부산 아래 20여 기 묘역이다.

김서의 묘 바로 아래 김극일 부부의 묘가 자리 잡았다. 묘역에 올라서면 뒤로 나부산이 정삼각형으로 반듯하게 눈에 들어온다. 청와대 뒤에 자리 잡은 삼각산의 형상이다. 서쪽으로 펼쳐진 산자락 앞에는 나지

김극일의 묘는 부친인 김서의 묘 바로 아래 자리 잡았다.
반듯하게 앉은 주산의 정갈한 모양이 일품이다. 사진의 모습은 벌초를 하지 않은 상태여서 풀이 무성하다.

막하면서도 겹겹이 에워싼 산자락이 첩첩산중이다. 책상 모양의 일자문성一字文星이 선인독서仙人讀書의 형상을 보여 준다. 마주 보이는 문현산은 책상 모양이고 똑바로 앉은 사람의 형상도 보인다. 즉, 많은 제자들을 앉혀 놓고 강의를 하는 듯한 분위기를 느낄 수 있다.

주변의 산세를 보면 용각산에서 출발한 산이 상원산을 거쳐 비슬산으로 올라서는 중간에 한 줄기가 홍두깨산으로 흘러내린다. 홍두깨산이 남쪽으로 내려앉은 것이 나부산 자락이다. 나부산 골짜기에서 흘러내린 물은 아래쪽 송리마을에서 한 번 갇히고, 송리마을을 지나서 한 번 더 갇힌다.

한티재를 거쳐 올라선 비슬산 줄기는 화왕산을 거쳐 청도군의 남산인 화악산까지 한 바퀴 돌아서 이 지경의 안산이 된다. 나부산 자락의 형국은 금닭이 횃대에서 날개를 펼치고 우는 역동적인 모습으로 해석한다. 닭은 다산과 풍요로움을 상징한다.

김극일은 실제로 6형제를 두었고, 손자 대에는 40명에 달하는 현손을 거느렸다. 벼슬로는 사헌부 지평을 지냈고 그의 맏이인 김건金健은 군수를 지냈다. 둘째 아들이 낳은 셋째 손자가 김일손인데, 그의 스승인 김종직이 쓴 '조의제문'을 사초에 올려 무오사화의 빌미가 되었고, 이로 인하여 멸문지화가 닥쳤다. 둘째 아들의 맏이가 낳은 증손이 김대유다. 어쨌거나 자손이 번성했고 글이 높은 학자들이 많이 배출되었다.

중요한 것은 김극일이 자리를 잡은 선산에는 대대로 맏이들만 묻혔다. 둘째 이하는 딴살림을 나가야 했다. 김일손이 집안에 화를 끌어들인 것은 부모를 어디에 모셨느냐가 좌우했을 가능성이 크다. 김일손 일족의 묘는 청도군 이서면 수야리에 자리 잡았다. 김일손이 화를 입자, 그 형인 김준손金駿孫의 둘째 아들이자 김대유의 동생인 김대장金大壯을 김일손의 양자로 입적시켜 대를 잇는다.

김극일은 후학 양성에 지극히 힘을 쏟았다. 기록에 따르면 증손인 김대유에 이르러서는 이웃 동네에 사는 남명 조식南冥 曺植의 양식을 대었다고 나온다. 그만큼 주변의 선비들과 활발히 교류했다는 뜻이다. 이후로 청도는 안동에 비견할 만한 유림 세력의 근거지로 자리 잡는다. 그 중심에 김해 김 씨 삼현파 일족이 자리 잡은 셈이다.

여기서 호랑이 얘기가 또 나온다. 김해 김 씨 삼현파 족보에 따르면 김극일이 시묘를 마칠 즈음에 호랑이가 그의 옷자락을 물어서 당기므로 따라갔다고 한다. 앞발로 땅을 후비기에 그곳을 자신의 묘터로 정했다는 기록이 있다. 이 내용은 묘비명에도 적혀 있다. 기록에 따르면 부모의 시묘살이 6년 기간 중에 호랑이를 만나 그 새끼들에게 음식을 먹였고, 그 호랑이 중에 어느 놈이 터를 잡아 줬다는 것인데 이는 과장이 더해진 전설에 가까워 보인다.

김극일 부부의 묘는 부친 김서의 묘 아래쪽에 자연스럽게 자리 잡았다. 굳이 호랑이가 점지했다는 호점혈虎占穴의 명성을 보태지 않더라도 좋은 자리임에 틀림이 없다. 김해 김 씨 삼현파의 자손 중에는 출중한 사람들이 많은데 근세의 인물로는 영원한 2인자 김종필 전 국무총리가 있다.

김극일의 시묘살이를 상징하는 독특한 모양의 묘지석이 서 있다.

청도는 지형적으로 이 지경에 내린 비가 한 방울도 바깥으로 새지 않고 자계천을 거쳐 밀양 유천으로 흘러들어 간다. 이런 지형이 사람들의 배타성에 영향을 미친 탓인지 청도 사람들의 단결력은 남다르다. 김극일이 동네 사람들과 목족계를 조직했는데, 경조사에 서로 돕고 공동체 생활의 품앗이를 활발히 한 것으로 기록되어 있다.

이러한 활동은 근세에 청도군 신도리가 새마을운동의 발상지로 알려진 것과 무관하지 않다. 지세가 외부와는 고립된 탓에 폐쇄된 공간에서 협동심이 잘 발휘되었던 것이다. 특산물인 한재 미나리의 성공도 마찬가지다. 처음 돋은 순을 한 번만 베어 상품화한다는 약속이 굳게 잘 지켜졌기 때문에 품질관리가 잘 되어 일약 전국적인 유명세를 탄 것이다.

나도 청도 토박이로 삼현파 집안의 일원이다. 증조부가 20대에 사망하자 증조모가 어린 종손을 데리고 개가를 했다. 계부 밑에서 힘겹게 자라던 조부는 안동 권 씨 집안으로 장가를 가서 아들 둘에 딸 하나를 두고 요절한다.

안동 권 씨 할머니는 할아버지를 동네 뒷산 석실 골짜기에 있는 공동묘지에 모셨다. 석실은 좋은 터였지만 할아버지는 석실의 청룡자락에 묻혔다. 청룡자락을 주산으로 삼은 묏자리는 3년 만에 장자가 망한다고 전해진다. 실제로 큰아버지는 자식도 없이 돌림병으로 요절하고, 큰어머니마저 바로 세상을 떴다.

둘째 아들인 내 아버지 아래로 4형제가 태어났다. 이러한 내력을 지닌 집안의 둘째로 태어나 술사術士가 되고 보니, 공동묘지에 모신 할아버지 산소의 좌향에서 술사를 뜻하는 봉우리가 보였다. 할머니는 늘그막에 자신이 종부이니 선산에 묻혀야겠노라고 고집을 부렸다. 둘째 아들을 앞세워 다툰 끝에 7대가 모셔진 선산에 할머니를 가까스로 모실 수가 있었다.

석실 골짜기의 할아버지 산소가 디딤돌이 되었는지 이 집안의 서울대 공대를 졸업한 넷째가 삼성전자의 임원이 되고, 조카들이 명문대에 입학하고, 내 자식도 의학전문대학원에 입학하면서 끊어졌던 글공부의 맥이 간신히 이어지는 듯했다. 큰 산의 산그늘이 몇백 리에 걸쳐 영향을 미치듯이, 일족의 잘 잡은 선산의 영험도 몇백 년의 세월을 넘어서 후손들에게 이어지는 것일까.

600여 년 전에 조성된 김해 김 씨 삼현파의 선산이 지금껏 정성스럽게 관리되고, 정해진 법도에 따라 제례를 올리는 것을 살피노라면 한 사람의 단단한 마음이 한 집안을 일으켜 세우고, 지역의 명성에 힘을 더하고, 학맥을 형성하며, 자자손손 칭송받게 됨을 알겠다.

한 생각을 굳게 가지고 큰 산줄기를 따라 좋은 터를 찾아야겠다는 마음이 생기지 않을 수 없다. 따사롭고 향긋해 산행하기 좋은 계절이라면 달리 무슨 생각을 하겠는가.

# 책을 마무리하면서

먼저 몸으로 풍수 공부를 시작했다. 말씀이 없던 스님을 처음에는 그냥 말없이 따라 다니기만 했다. 그래서 내게 풍수는 체득한 그 무엇일 뿐이었고 오감으로 보고 느끼는 것이었다. 지금은 내가 배우고 깨우친 법에 이론과 방법론을 덧씌우는 중이다. 내가 아닌 다른 사람들에게 터를 설명하기 위해서는 그런 것들이 필요했기 때문이다.

글공부를 하다 보니 풍수 이론은 명리학과 《주역》을 포함한 동양학의 정수요, 총아였다. 특히 이론은 수많은 경우의 수를 나열한 것이었다. 이론을 판단의 기준으로 삼기는 쉽지 않은 법이다. 경험을 바탕으로 오감을 동원해 균형점을 찾아가는 이 정교한 작업은 글로 설명하거나 일관된 이론으로 전개할 수 있는 것이 아니기 때문이다. 글과 논리로 설명하고 밝혀서 갈 수 있는 경지가 있고, 표현이 불가능한 감각의 영역이 따로 있다.

풍수법의 이런 이중적 구조에도 불구하고 진실은 하나일 뿐이다. 찾아가는 방법과 방향은 다를지라도 혈처는 궁극의 합일점이고 그것은 하나뿐이기 때문이다.

내가 천신만고 끝에 풍수법의 한 줄기 길을 찾아냈을 때, 비로소 스님으로부터 이제는 하산해도 좋다는 허락을 받았던 것이다. 그 참에 바로 저잣거리로 나섰다. 법을 얻어 세상이 나온 첫 10년 동안에는 자신을 돌보면서 내 문제를 해결하는 데 급급했다. 또한 내가 얻은 법에 대한 확신이 수시로 흔들렸다. 그래서 이 기간 동안에는 틈만 나면 스님을 찾아가 내 보따리를 내보이곤 했다. 가끔씩 내가 들고 간 보따리를 스님이 탐내는 것을 느끼면서 내가 법을 제대로 얻었다는 기쁨을 맛보곤 했다.

다시 10년을 보내면서 내 주변을 보살폈다. 억겁의 인연 속에서 만난 주변 사람들을 위해 법을 펼쳐서 편안하게 정리해 주었다. 주로 풍수마루에서 만난 인연들이 대부분이다. 자연스러운 인연에 따라 내 주변에 있던 소중한 사람들이 바로 이 책의 주인공들이다.

사례별로 개개인에게 내용을 보여 주고 승낙을 얻기도 했지만, 많은 사례들에 대해 일일이 허락을 받기에는 한계가 있었다. 그래서 많은 분들을 익명으로 처리하거나 혹은 지명이나 위치를 두루뭉술하게 표기할 수밖에 없었다. 또한 풍수에 대한 자문 내용은 지극히 사적인 영역이기 때문에 공개하기 쉽지 않은 부분도 많았다. 이러한 경우에는 부수적인 부분에 가상의 상황을 설정해 설명하기도 했다.

그럼에도 불구하고 이 책으로 인해 뜻하지 않게 달갑지 않은 상황이 생길 수 있음을 부인하지 않는다. 그런 경우에는 불미스런 상황의 책임이 전적으로 내게 있음을 거듭 밝힌다.

결코 자랑이 될 수 없는 집안일이 드러남에도 불구하고 사례로 활용할 수 있도록 양해를 해 주신 많은 분들에게 이 자리를 빌려 감사의 마음을 전한다. 이런 복잡하고 번잡한 정황에도 불구하고 내가 사례 중심으로 책을 엮은 것은 오로지 풍수지리에 대한 세상의 인식을 바로잡기 위함이다.

풍수는 복잡하고 어려운 학문이거나 미신에 가까운 숙명론이 아니다. 간단하게 보면 풍수는 공간 구분 내지는 공간 선택이다. 앞에서도 설명했거니와 지구상의 모든 생물체는 물, 공기, 햇빛 그리고 시간과 공간의 교직 속에서 어떤 공간 위에 놓이기 마련이다. 이런 존재의 요소 중에서 우리가 선택하고 구분 지을 수 있는 유일한 것이 바로 공간이다. 명당이니 길지니 하는 수식어를 떠나서 결국 풍수는 공간 선택의 문제다.

우리가 어떤 공간을 선택하느냐에 따라 다른 요소들과 어울려 공간 안에서 이런저런 일들이 벌어진다. 공간 선택의 갈래를 따라 세상이 엮여 돌아가는 순서와 모양이 달라진다. 말하자면 우리는 그나마 공간 선택을 통해 우리의 운명을 이리저리 끌고 다니는 것이다.

공간 선택과 맞물려 '운명을 다듬는다'는 말을 만든 것도 이 때문이다. 풍수지리는 적극적으로 공간 선택을 통해 운명을 다듬는 과정이라고 볼 수 있다. 풍수지리를 통해 공간을 선택하고 구분 짓는 것은 바로 운명을 다듬는 행위다. 이러한 뜻에서 풍수지리는 '운명'이라는 적극적이고 능동적인 것에 속한다. 소극적이고 수동적인 '숙명'과 달리 '운명'은 내가 나서서 어루만지고 주물러서 바꿔 나갈 수 있다고 보는 것이다.

풍수지리는 공간 선택이라는 단순하고 일상적인 행위일 뿐만 아니라, 운명을 다듬어 가는 적극적이고 능동적인 의미를 내포하고 있다.

운명 다듬기는 나무를 가꾸는 것에 비유할 수 있다. 자신의 삶과 운명을 나무에 비유했을 때 우선 나무는 자라서 잎을 내며 끊임없이 변화한다. 만일 나무를 제대로 돌보지 않는다면 잡목이 될 것이다. 흙을 돋우고 가지를 잘라 주고 넝쿨을 제거해서 보살핀 나무는 세월과 함께 거목으로 자랄 것이다. 잘 키운 나무처럼 운명을 정성 들여 가꾼다면 누군들 사회가 필요로 하는 동량이 되지 말라는 법이 없다. 공간 선택을 통해 세월을 쌓아 가면서 운명을 다듬고 가다듬는다면 반드시 큰 재목을 키워낼 수 있다고 믿는다.

아무쪼록 이 책이 풍수지리에 대한 오해를 벗겨내고 우리 삶에 실질적 도움이 되는 좋은 계기가 되었으면 하는 마음이다.

공간 선택으로 운명을 바꾼 풍수 이야기
운명을 다듬다

**초판 1쇄 발행** 2016년 11월 25일
**초판 2쇄 발행** 2016년 12월 12일

**지은이** 김경우
**펴낸이** 전호림
**책임편집** 강현호
**마케팅** 강동균 박태규 김혜원

**펴낸곳** 매경출판㈜
**등 록** 2003년 4월 24일(No. 2-3759)
**주 소** (04557) 서울시 중구 충무로 2(필동1가) 매일경제 별관 2층 매경출판㈜
**홈페이지** www.mkbook.co.kr **페이스북** facebook.com/maekyung1
**전 화** 02)2000-2610(기획편집) 02)2000-2636(마케팅) 02)2000-2606(구입 문의)
**팩 스** 02)2000-2609 **이메일** publish@mk.co.kr
**인쇄·제본** ㈜M-print 031)8071-0961

**ISBN** 979-11-5542-580-0(03150)

책값은 뒤표지에 있습니다.
파본은 구입하신 서점에서 교환해 드립니다.